スペシャリスト直伝!

全員をひきつける「話し方」の極意

俵原 正仁 著

明治図書

はじめに

> 【朝の教室】
> 　始業のチャイムが鳴る。
> 　日直が前に出てきて，朝の会を始めようとするが，子どもたちのおしゃべりはなかなか止まらない。
> 「静かにしてください。」
> 「静かにしてください。」
> 　連呼する日直の言葉に耳を傾けないクラスメイト。
> 　そこに，教師が教室に入ってくる。
> 「はい，静かに…。」

　どこの小学校でもありそうなシーンです。
　さて，この後，私の考えるシナリオでは，教室は静かになり，朝の会が始まるのですが，実際の場面では，私のシナリオ通り静かになることもあれば，教師が教室に入ってきただけで静かになる場合もあるでしょう。もしかしたら，残念なことにいくら教師が叫んでもなかなか静かにならない場合もあるかもしれません。同じ言葉を発しているのにもかかわらず大きな違いが出てくるのです。

　以前，『人は見た目が９割』(竹内一郎，新潮社)というある意味失礼なタイトルの本がベストセラーになりました。
　そこには，次のような内容が書かれています。

> 　アメリカの心理学者アルバート・マレービアン博士は人が他人からうけとる情報の割合について次のような研究成果を発表している。

○見た目・身だしなみ，仕草・表情　55％
○声の質（高低），大きさ，テンポ　38％
○話し言葉の内容　7％

　この本によると，「静かに…。」という言葉の内容が持つポテンシャルは，7％しかないということになります。いくらなんでも7％ってことはないわな…と思うのですが，それでも，言葉以外の情報，いわゆるノンバーバルな部分が重要な要素だということには，異論ありません。

　ところが，今までの教育書はアルバート博士が言う7％に重点が置かれているものがほとんどでした。そりゃそうです。本を構成するのは，あくまでも文字ですから，ノンバーバルな部分を伝えるのにはどうしても限界があります。

　実際，本書の内容も，具体的な事例をもとにして「こういう場面ではこのように話すと効果的ですよ」というような「何を話すか」ということがメインになっています。ただ，本書の特徴は，そこにとどまらず，「誰を意識して話すか」や「この時は，低めの声で，ゆっくりと」など，演劇の世界から学んだ「話し方の基礎基本」をベースにした「どう話すか」というノンバーバルな部分も付け加えられているということがあげられます。その部分を意識して読んでいただけると，この本の効果は倍増します。演劇からの学びだけに，「劇的」にあなたの話し方は変わるはずです。

　それでは，ただ今より『スペシャリスト直伝！　全員をひきつける「話し方」の極意』，開幕します。
　しばらくの間，お付き合いください。

2016年6月

俵原　正仁

目次

はじめに 3

 教師の言葉をしっかり届ける！話し方の基礎基本

1. その話し方で，伝わりますか？ 12
2. 「正しい発声」を身につけよう 14
3. 声の5つの要素① 声の大きさ 16
4. 声の5つの要素② 声の高さ 18
5. 声の5つの要素③ 話す速さ 20
6. 声の5つの要素④ 間 22
7. 声の5つの要素⑤ 音色 24
8. 演劇人スタニスラフスキーの3つの輪とは 26
9. 3つの輪をこう使う 28
10. 話す時には，STFを意識せよ 30

コラム アナウンサーから学ぶ 32

 **押さえておきたい！
話し上手な教師になるための極意**

- **1** これだけは絶対ダメな話し方　36
- **2** 話し上手は聞き上手①　笑顔でうなずく　44
- **3** 話し上手は聞き上手②　話を引き出す裏ワザ　46
- **4** 話し上手は聞き上手③　ガハハと笑う　50
- **5** 演じることは悪じゃない　52
- **6** 「何を言ったか」ではなく「誰が言ったか」　54

- **コラム**　　噺家から学ぶ　56

第3章 こういう時はこう話せ！話し方の極意　授業編

1. 授業中の話し方3つのツボ　60
2. 授業のはじめは「枕」でひきつける　62
3. 授業の半ばは「ダレ防止テク」で集中力をキープする　64
4. 授業の終わりは話し過ぎない　66
5. 説明は短く，間を空ける　68
6. 重要なポイントを説明する時は予告する　70
7. 机間巡指は声をかけたら立ち去る　72
8. 机間巡指は子どもに「聞き耳」を立てさせる　74
9. やる気のある子からはあえて距離を取る　76
10. やる気のない子には毅然と話す　78
11. 真面目で目立たない子のがんばりを広める　80
12. さりげない促しで自発的な行動を引き出す　82

コラム　プロレスラーから学ぶ　84

こういう時はこう話せ！
話し方の極意　学級活動編

1　朝の会は細かいことはスルーする　88
2　意味のない会話で子どもたちとつながる　90
3　ダチョウ倶楽部理論で子どもたちをつなげる　92
4　ワンクッション置いて子どもたちを遊びに誘う　94
5　相談ごとはとにかく話を受け止める　96
6　公平なレフェリーとなりけんかを止める　98
7　道筋を示して仲直りさせる　100
8　子どもの怪我は「共感」で落ち着かせる　102
9　子どもと話せる給食時間を活用する　104
10　掃除の時間―まじめに取り組む子をプロデュース　106
11　掃除の時間―遊んでいる子の前で楽しく掃除　108
12　終わりの会は全力でやる　110

コラム　　アイドルから学ぶ　112

第5章 こういう時はこう話せ！話し方の極意　保護者・職員室対応編

1. 保護者へは笑顔・ていねい・自然体で話す　116
2. 学級懇談会はMCになって盛り上げる　118
3. 個人懇談会は「振り返り」を元に話す　120
4. 家庭訪問はインタビュアーになって聞く　122
5. 言いづらいことは直接伝える　124
6. 管理職への「ほう・れん・そう」は第一報から簡潔にする　126
7. 職員室では教師同士の信頼をつくる　128
8. 電話では笑顔を声に乗せる　130
9. 講師の先生にはお礼の手紙を書く　132

おわりに　134

第1章

教師の言葉をしっかり届ける！
話し方の基礎基本

1 その話し方で，伝わりますか？

1 バナナはおやつに入りますか？

「先生，先生，バナナはおやつに入るんですか？」
教室の一番後ろの席から，元気者で，食いしん坊の関本くんが大きな声で質問をしました。それに対して，先生はさらっとこう言います。
「関本くん，さっき，話しましたよ。」
「バナナは入んないって言っていたよ。」
一番前の席の女の子，しっかり者の尾崎さんがすかさず付け加えます。
「あれ，そうだっけ？　俺，寝てたのかなぁ。」
関本くんの素っ頓狂な反応にクラスの中に笑いが起こります。
明日は，遠足。ワクワクしている子どもたちに対して，先生が遠足に持っていくものを説明しているワンシーンです。

2 さっき，話しましたよ

さて，私には，前述したシーンでの教師の対応に気になる点が一つあります。皆さんもお気づきになりましたか？
そうです。
「バナナはおやつに入るやろ！」ということでは，もちろんありません。
「さっき，話しましたよ。」という言葉です。この言葉，教師はよく使います。確かにこう言いたくなる気持ちは分かります。でもね。自分自身の話し方はどうだったのでしょうか？　きちんと伝わる話し方をしていたのでしょうか？

❸ あなたの声は，教師の声ですか？

　もしかしたら，この先生の声は，前の席の尾崎さんにしか届かない声だったのかもしれません。（実際，教育実習生の授業では，「後ろまで声が届いてない。」と感じてしまう話し方をしている人をたまに見かけます。普段，友だちと１対１で話している時のように話しているのです。つまり，教室の子ども全員を意識した教師の声ではないということです。）

　ただ，現場の先生で，声が小さくて後ろまで聞こえないということは，あまりないと思います。

　でも，実際に，関本くんには先生の話が届いていません。

　まず，教師は，その事実をしっかり受け止めないといけないのです。

　そして，例え，関本くんの集中力が切れて，教師の話を聞いていなかったとしても，それは教師の手立てが足りなかったからととらえ，伝わらなかった理由を自分自身がどうだったかという視点で考えていきます。

　「声の大きさが適切だったのなら，速さはどうだったのか。」「教師の視線，立ち位置はどうだったのか。」「１対１ではなく，全体を意識した話し方だったのか。」「話す内容は，具体的なものだったか。」などなど，チェックするポイントはいくつもあります。

　本書では，それらのポイントを，具体的事例をもって，話していきます。

　最後までお付き合いくだされば，「さっき，話しましたよ。」と言うこともなくなるはずです。

ポイント

- ☐ 伝わらないのは，子どもの責任ではなく，教師の責任である。
- ☐ 伝わる話し方には，ポイントがある。
- ☐ それらのポイントを知りたければ，最後まで，この本を読まなければいけない。

2 「正しい発声」を身につけよう

1 「正しい発声」とは何か？

　高校の放課後。
　閑散とした校舎に響き渡る吹奏楽部の楽器の音。
　ちょっと離れたグラウンドから聞こえる野球部の掛け声。
　「アメンボ赤いな。アイウエオ」「ア・エ・イ・オ・ウ・ア・ウ・ア」
　演劇部の発声練習も聞こえてきます。
　うわぁ，懐かしい。
　どれもこれも郷愁を誘う音色ですが，私が，「正しい発声」と聞いて，まず思い浮かぶのが，高校の演劇部がよくしていたこの発声練習。
　だから，みなさんも「教師の声」を手に入れるため，毎日５分発声練習をしましょう！　というのが，本書の言いたいこと…では，ありません。
　だって，これを読んでいる人は，俳優を目指しているわけではないですからね。「俳優の声」は必要ありません。いや，身につけられるものなら，身につけた方がいいんですよ。引出しは多ければ多いほどいいですから。
　ただ，私なら「俳優の声」を身につけるためのレッスンに費やす時間があるのなら，それを教材研究にあてたり，こたつに入ってみかんを食べるような時間（ただし冬場に限る）にあてたりするだろうなぁと思っています。
　だからと言って，演劇の世界から学ぶべきことはないと考えているわけではありません。むしろ，その逆です。学ぶべきことはたくさんあると考えています。
　「正しい発声」の定義もそうです。
　「自分の感情やイメージがちゃんと表現できる声を手に入れること」

この言葉は，演出家の鴻上尚史氏のものなのですが，俳優だけでなく，教師にもぴったりとあてはまります。
「佐々木さん，休み時間，教室のごみを拾っていたよね。ありがとう。」
　このような褒めるシーンでも，教師が喜んでいるという気持ちが伝わらない話し方をしている教師がいます。
「川上くん，友だちにそんなことをしてはいけません。」
　教師の悲しい気持ちが伝わらない話し方をしている教師もいます。
　これらの教師は，「正しい発声」ができていないのです。

2 「正しい発声」を行うための声の5つの要素

　つまり，教師も「正しい発声」ができなければいけないということです。そのためには，何をしたらいいのでしょうか？
　鴻上氏は，「正しい発声」を行うためには，自分の感情をまず変えることが大切だと述べています。（でも，これは俳優への言葉です。教師の場合は，その場での自分の感情を意識することが大切です。）そして，その感情をうまく声にのせるためには，次に述べる5つの声の要素を変えればいいと述べています。

1　大きさ　2　高さ　3　速さ　4　間　5　音色

　詳しいことは，WEBで…でなく，次のページで。

ポイント

☐　「正しい発声」とは，「自分の感情やイメージがちゃんと表現できる声を出せること」である。
☐　教師は，「正しい発声」ができなければならない。
☐　そのためには，声の5つの要素を意識することが大切である。

3 声の5つの要素①
声の大きさ

1 MAXとMIN

「朝のあいさつをしましょう。おはようございます！」
朝，1年生の教室でのワンシーンです。
「おはようございます。」
「おっ，岡林くん元気がいいね。では，もう一度。おはようございます！」
「おはようございます！」
声が一段と大きくなります。
「いいね。では，もう一度。おはようございます！」
「おはようございます‼！」
教室中に響く大きな声。
　朝に非常に弱い私でも，このようなシーンに出くわすと，子どもたちのエネルギーをもらい，今日も一日がんばろうという気持ちになるものです。
　ところが，この後ちょっと困ったことが…。
「先生！　昨日みんなで動物園行ったんだけど！」
「ちょ，ちょっと声が大きい…。」
　岡林くんは，1対1で話す時も大きな全力の声のまま。
　声の大きさの調整ができない子って，結構いますよね。
　で，教室の前に「声のボリューム：全体に話す時は，5のボリューム。班で話す時は，3。隣の人と話す時は，2。」というような掲示物をはって，指導しているクラスも多いようですが，教師自身はどうなんでしょうか？子どもには指導しているのにもかかわらず，自分の声の大きさはあまり意識していないんじゃないのでしょうか。

2 声の大きさを意識すると…

あなたは普段何種類の声の大きさを使い分けていますか？
運動場で話す時は、大きな声で。
教室で話す時は、後ろの子が聞こえるぐらいの声で。
休み時間、子どもと話す時は、その子に届く声で。

教師の場合、一般の人に比べれば、声の大きさを使い分けている人は多いかもしれません。ただ、使い分けてはいるものの、そのほとんどは、無意識、無自覚的なものです。話しかける相手に届く声の大きさを無意識に選択して出しているのです。そのこと自体はいけないことではありません。「えっと、今回は5の大きさでいこう。」と毎回考えて声を出すことなんてできません。

でも、時には、自分の声の大きさを意識することも大切です。

例えば、教室が騒がしい時、どれぐらいの大きさの声で注意しますか。

声の大きさに無意識でいると、「うるさいなぁ」というあなたのその時の感情がそのまま声に出て、怒鳴るような大きな声で注意してしまうことが多くなります。自分のその時の感情に声の大きさが引っ張られてしまうのです。

その結果、静かにはなったものの、教室には嫌な空気が残ります。

声の大きさを意識することができれば、いつもいつも最大限の大きさの声で注意をすることがなくなります。ささやくように「し・ず・か・に」と言った方が効果的なこともあります。そのような選択肢を思いつくことができるようになるのです。意識することによって、表現の幅が広がります。

ポイント

- □ 自分の声の大きさの最大と最少を実感する。
- □ 何種類の声の大きさを使い分けているか意識する。
- □ 自分の意図や感情をうまく伝えることができるように、その場に応じた声の大きさを使い分ける。

4 声の5つの要素② 声の高さ

1 あなたの声の高さは何種類？

あなたは，何種類の高さの声を使い分けていますか？

声の大きさの場合は，たとえ無意識とはいえ，ほとんどの人は，4種類以上の使い分けをしていると思いますが，高さについては意識していない限り，4種類も5種類も使い分けている人は少ないと思います。

電話をする時には，ちょっと声が高くなるので，普段の声と合わせて，2種類ぐらいといったところでしょう。

2 緊張すると声が高くなる。ということは…

ところで，緊張して声が上ずった経験ってありませんか。

異様に甲高い声になってしまったりして。

人って，緊張すると声が高くなるものらしいです。

ということは，「声を低くすれば，緊張しなくなるのではないか」という「逆もまた真なり」理論が思いつきます。

そうなんです。それ，正解らしいです。

「あっ，自分は今緊張しているな。」と感じたら，意識して低い声を出せばいいのです。

逆に，テンションを上げたい時は，少しキーをあげてみます。

「次は，班対抗しりとり合戦！！」

このような時に，低いダンディな声で話しても盛り上がりに欠けそうです。

③ まじめな話をする時は，低めの声で…

「静かにしなさい！」

　先生は，けっこう大きな声で言っているのですが，子どもたちは知らんぷり。若い女の先生のクラスでこのような光景をたまに見ることがあります。

　これ，別に若い女の先生だから，子どもたちが甘く見て言うことを聞いていないということではありません。（もちろん，そういう場合もあります。）

　子どもたちは，先生が叫んでいることに気づいていない可能性があるのです。その原因は，声の高さです。若い女の先生の声は，男の先生と比べてかなり高いです。子どもたちの声も高いです。だから，先生の声が子どもたちの声と同化してしまうという現象が起こってしまうことがあります。

　その結果，騒いでいる子どもの声にプラスして先生の注意している叫び声も加わり，さらに教室は騒然とした状態になってしまうということです。

　私は，子どもたちに何か注意をする時や落ち着かせたいという時には意識して普段の話し方より少し低い声で話すようにしています。

「君の気持ちは分かったけど，手を出したのはいけないと思います。」

　いつもと違う教師の語りに，子どもたちは，真剣な表情で話を聞くようになります。

ポイント

- □ 自分の声の高さについても意識する。
- □ テンションをあげたい時には，高めの声で話す。
- □ 自分や相手が緊張している時は，意識して低めの声で話す。また，まじめな話をする時も，低めの声で。

5 声の5つの要素③ 話す速さ

1 そんなに早口だと分からないわよ

「そんなに早口で話していると、子どもたちは分からないわよ。低学年なら、もっとゆっくり話さないと…。」

と、若かりし頃、ベテランの先生に言われたことがあります。

「なるほど。確かにそうだな。」

と、その時は納得もしたのですが、人の癖ってそう簡単に治るものではありません。相変わらずの早口です。

それでも、子どもたちに先生の話が分からないというような困った様子は見られません。

その時には、「子どもってすごいなぁ。毎日聞いているうちに分かるようになるんだ。凄い順応力だ。」と思っていました。でも、どうやら順応力というだけではないようです。私よりもっと早口の先生でも、そのクラスの子どもたちはしっかりと先生の話を理解しているようでした。

実際、子どもたちの好きなアニメの主人公は、特にゆっくり話しているわけではありません。普通に話しています。中には、むしろ早口なキャラクターもいます。でも、アニメを見ている子はちゃんとストーリーを理解しています。つまり、子どもだからと言って、特に意識してゆっくり話す必要はないということです。普段は、自分の話しやすいスピードで話せばいいのです。

ただ、それは、「声の速さ」を意識しなくていいということではありません。「声の大きさ」や「声の高さ」と同様、意識してうまく使いこなせば、あなたの話し方スキルは格段にアップします。(これは、この後述べる「間」「音色」についても同様です。)

速く話す。
少し速く話す。
普段の自分のペースで話す。
少しゆっくり話す。
ゆっくり話す。
5種類ぐらいの速さを使い分けることができれば十分です。
その中でも，特に，重要なのが「ゆっくり話す」です。

2 緊張すると声が早口になる。ということは…

　自分が緊張しているなぁと感じたら，ゆっくりめに話すことを意識してください。どうしても，緊張すると早口になります。それは，心臓の鼓動が早くなり，呼吸が早くなり，それに合わせて口の動きも早くなるからです。ゆっくり話しているつもりでも，緊張している時は無意識に早くなってしまいます。だからこそ，より強くゆっくり話そうと意識する必要があるのです。

　また，真剣な話をする時も，ゆっくりめで話します。「低い声」とのコラボも相性抜群。(まぁ，ゆっくり話せば，自然と低い声になるんですけどね。むしろ，高い声でゆっくり話す方が難しい。)子どもたちの心にズーンと響くはずです。

ポイント

- □ 普段は，自分の声の速さを意識しなくてもいい。
- □ ただし，緊張している時は，ゆっくり話すことを強く意識します。
- □ 真剣な話をする時も，同様です。

6 声の5つの要素④ 間

1 話の間，恐怖症？

初めてのデート。

憧れの人と話していて，ふっと間が空くと，「どうしよう」と焦ってしまい，必要のないことまでついしゃべってしまう。

で，逆に場が白けてしまう。

こういう経験をしたことがある人って，けっこう多いのではないでしょうか。

何か話していないと不安。

待てない。

授業の場面でも同じような人を見かけます。ちょっとした沈黙が耐えられないのです。研究授業で，次のような光景を見たことありませんか。

「この話を読んで思ったことを発表してください。」

「どんなことでもいいんですよ。」

「不思議に思ったことでもね。」

「あれ，いつもならすぐに手が上がるのに。いつもの感じでしてよ。」

教師の声で，子どもたちの思考が中断します。当然，発表なんてできません。そして，ますます教師の話は増えていきます。負のスパイラルです。

2 「間」が空くということはむしろいいこと

逆に，自分が生徒だったころを思い出すと，それほど「間」ということには，こだわっていなかったことに気づくはずです。先生の話が途切れても，

ラジオ番組ではないのですから，放送事故ということにはなりません。
　いや，それどころか，先生が，ただ淡々と話を続けている間はぼんやりと聞き流していたのに，先生が話を止めて沈黙した途端に，先生の方に注目してしまうというような経験があるのではないでしょうか。
　先のデートの例でも，実は相手側は，ゆったりとした「間」を楽しんでいたかもしれません。
　「間」には，聞き手の意識を話し手に集中させたり，話したい内容を強調したり，聞き手に考えさせたりといろいろな効果があるのです。
　まずは，「間」が空くことは悪くないことだと自分に思い込ませてください。

３　速さと間で，話にテンポとリズムをつくる

　そして，先に述べた「速さ」と「間」をうまく組み合わせて，話にテンポとリズムをつくっていきます。
　言葉は速く，間も短い。
　言葉は遅く，間も長い。
　言葉は速く，間は長い。
　言葉は遅く，間は短い。
　自分が表現したいことに合わせて「速さ」と「間」を組みあわせるのです。

ポイント

- □　話に「間」が空くのは悪いことではない。
- □　「間」には，聞き手の意識を集中させたり考えさせたりする効果がある。
- □　「間」と「速さ」で話にリズムとテンポをつくる。

7 声の5つの要素⑤ 音色

1 音色一色

　私が，鴻上尚史氏の声の5要素を知る前から行っていた実践に「音読カード」というものがあります。
　カードには，「大きく」だとか「速く」だとか「低い声で」などの指示が書かれています。
　引いたカードの指示に従って音読をします。
　例えば，引いたカードに「大きく」と書かれていたら，大きな声で音読をします。「ゆっくり」と書かれていたら，ゆっくりと音読をするのです。
　私は，音読の基本を，このカードを使って楽しみながら子どもたちに身につけさせようと思っていました。
　「大きく」―「小さく」,「速く」―「ゆっくり」,「高い声で」―「低い声で」,…なんと偶然にもこのカードは，鴻上氏の声の要素にリンクしていたのです。
　一瞬，自分は天才かも…と思いました。ただ，残念なことに，鴻上氏の言う「音色」と言う項目はありません。(「間」については，重要なことは分かっていましたが，カード上では難しいのであえて入れていませんでしたので，こちらについては自分的にはOKなんです。)
　では，「音色」とは何なのでしょうか。
　「音色」とは，「音の質を表現するために用いられる用語」だそうです。つまり，同じ大きさ，同じ高さの音でも違うように聞こえる場合，それは音色が違うということなのです。風邪をひいた時の声と普段の声は違います。これは，音色が違うということになります。でも，ほとんどの人の音色は普通は一色です。コロッケさんのような特別なスキルを持った人以外は…。

2 でも，教師の話にそれが必要？

　音読カードに，「音色」という指示がなかったことからも，私自身，教師や子どもたちがいくつもの音色を持たなければいけないという必要性はあまり感じていませんでした。
　でもね，鴻上氏の話を聞いて，本を読んで，少し考えが変わったのです。
　身につけないよりは，身につけた方がいい。
　で，実際は自分もすでにそのような実践をしていました。
　ただし，実践している時は，音色という意識はなかったのですが…。

> 　当たり前のことをドラえもん風に大げさに言う。

　「では，答え合わせをします。チャラチャッラッチャチャ〜ン，赤鉛筆ぅ。正解に○をつけるぅ〜。」
　こんな感じです。朝のあいさつやハンカチチェックもよく行っていました。子どもたちは，このドラえもんバージョンの話し方が大好きでした。
　音色を変えて話すと子どもたちの集中力が増すのは確かです。
　そう言えば，音読カードには，「ドラえもんのように」とか「宇宙人のように」というものもありました。これって，音色を変えろって指示ですよね。やっぱ，自分，天才かも（笑）。

● ポイント

- ☐ 今までの4要素に比べて，「音色」を意識している人は少ない。
- ☐ ただ，「音色」が豊かな人は，表現力も豊かだということは間違いない。
- ☐ それでも，あくまでもやりたい人だけがやればいい（笑）。

8 演劇人スタニスラフスキーの3つの輪とは

1 演劇界のレジェンド登場

　スタニスラフスキー氏は，ロシア・ソ連の演劇人で演劇界のレジェンドとも言われる（私が言っています）凄い人です。（プロレスのスタンハンセンとは違います。）

　彼が提唱した「スタニスラフスキーシステム」は，演劇の世界に大きな影響を与えました。（どのような影響を与えたかは，各自で調べてください。）

　それだけに，いろいろな名言や示唆に富んだ言葉を残しているのですが，その中の一つが，今回紹介する「スタニスラフスキーの3つの輪　第1の輪　第2の輪　第3の輪」になります。

2 第1の輪　第2の輪　第3の輪とは何か？

　第1の輪とは，一人の状態のことを言います。

　演劇で言えば，舞台に一人で立ってスポットライトに当たっているような状態です。その状態で話すわけですから，独り言を言っているようなシーンになります。つまりは，自分自身に向かって話している感じです。

　第2の輪は，誰か特定の相手を意識している状態です。登場人物が誰かと話をしている形です。自分以外の目の前の人を意識した話し方になります。演劇で言えば，舞台には二人しかいない1対1のシーン，または他に登場人物がいたとしても，話し手の意識は一人にしか向いていないようなシーンになります。

　第3の輪は，みんなに向かって話しかけるという状態です。舞台にいるた

くさんの役者に話しかける場合もあれば，たくさんのお客さんに向けて話しかけるような場合もあります。

③ トークのうまい人は，この3つの輪を使いこなす

　人をひきつける話をする人の中には，この「3つの輪」の話術を，無意識に行っている人もいます。
　あなたの学校の話の上手な校長先生が，スタニスラフスキーを知っているとは思えないでしょ。
　もちろん，私も，つい最近までスタニスラフスキーのことを知りませんでしたから，無意識に行っていた方です。
　でも，意識して行えるに越したことはありません。
　無意識で行っていることは，次の場面でもできるという保証はありません。でも，意識することによって，再現性は高まります。
　私も，この「3つの輪」というキーワードを得たことによって，場面によって，意識して言葉を使うことができるようになってきました。
　当たり外れが少なくなり，平均打率が高くなったのです。

ポイント

☐ 演劇界のレジェンド，スタニスラフスキーとプロレス界のレジェンド，スタンハンセンは違う。
☐ スタニスラフスキーの3つの輪を意識すると，聞き手をひきつけるトークをすることができる。

1 話し方の基礎基本

9 3つの輪をこう使う

1 校長先生のお話

　では，具体的に説明していきましょう。

　スタニスラフスキーのことは知らないながらも，トークのうまい校長先生に登場してもらうことにします。

　夏休み明け，2学期の全校朝会でのお話です。

　「みなさん，おはようございます。」（第3の輪）

　「校長先生は，元気なみなさんと会えて，とてもうれしいです。」（第3の輪）

　「楽しい夏休みでしたか？」（第3の輪）

と，まぁ，最初は第3の輪で全校生に向かって話しかけます。

　ここまではどの先生もよくする当たり前の流れです。

　子どもたちの集中力が最後まで続けばそれでもいいのですが，夏休みが終わってすぐという悪条件（？）では，子どもたちの集中力も少しずつなくなってきました。そんな時，トークのうまい校長先生は，すかさず，第2の輪に切り替えます。

　「ところで，小林くん，すごく焼けているけど，夏休み，プールにいっぱい行ったのかな？」

と，目の前にいた小林くんに話しかけ（第2の輪），場の空気を変えてしまうのです。

　一瞬，話に間が空きます。そして，周りの視線と意識が自分とその一人に向かったら，また全体の場に向けて話し始める…というようなことをするのです。

時には，第1の輪も使います。

子どもたちからちょっと視線をずらして横を向いて，

「校長先生の夏休みはねぇ～。」（第1の輪）

そして，また子どもたちの視線が自分に集中したら，全体に向かって話しかけるのです。

「みなさんも，教室に帰ったら，担任の先生に楽しかった思い出をいっぱい話してくださいね。」（第3の輪）

2 無意識の意識化

　全校朝会で，全校生徒に話をするのですから，状況としては常に「第3の輪」の言葉で話をしているということになります。しかし，最初から最後まで「第3の輪」で話していると，よほどの話術がない限り，単調で平坦な流れになっていきます。

　そこで，トークのうまい校長先生は，時には「第1の輪」になったり，「第2の輪」になったりして話を続けます。実際に置かれている状況と言葉をわざとずらすというテクニックを使っているわけです。

　トークのうまい校長先生は，これらのことを無意識で行っていましたが，これを読んでいるあなたは，これからは意識して行えるようになるはずです。

　経験や力量が圧倒的に違っていても，無意識に行っていたことを意識化することによって，その差を埋めることができるのです。

ポイント

- ☐ 第1の輪や第2の輪を意識して使うことによって，話の流れが平坦ではなくなる。
- ☐ 無意識に行っていたことを意識化することによって，再現率が高まる。

10 話す時には，STFを意識せよ

1 視線・立ち位置・雰囲気づくり

　ちなみに，教師が無意識に行っていることは，声の5つの要素や3つの輪の他にもたくさんあります。

　そのことが，いい方向に作用している場合も，悪い方向に作用している場合もあるのですが，どちらにしても，意識することによって，再現または改善することができるようになるのですから，無意識のままでいいはずはありません。

　例えば，STFです。

　Sは，視線。

　Tは，立ち位置。

　Fは，雰囲気づくりです。

　このSTFを意識することによって，あなたの話し方は変わってきます。

2 視線を意識する

　人には癖があります。

　視線も同じです。

　右を向いている方が楽な人もいれば，左を向いている方が楽な人もいます。人は，どうしても楽な方向に流れていきます。だから，右を向いている方が楽な人は，意識していないと右の方ばかり向いてしまうことになるのです。

　そうなると，左側が死角になります。

　左の方を全く見ないまま，話をすることになるのです。このような死角が

できると，教師の視線が向かないところに座っている子や教師から離れた場所に座っている子は，どうしても集中力が切れがちになります。それで，手遊びをし始めて，叱られることになるのです。

でも，これって，子どもだけが悪いわけではないですよね。

まずは，自分は右を向く癖があると自覚すればいいのです。そうすれば，左側が死角になりやすくなることが分かっていますから，時々左側に座っている席の子どもたちを意識することができます。自然に視線も左側を向きます。そうなれば，死角はできません。めでたし，めでたしです。

3 立ち位置を意識する

立ち位置も視線と同じです。

無意識な人は，いつも同じ場所に立ち尽くしています。

教壇があるからといっていつも前で話す必要はありません。

全体に話すような場面でも，特に気になる子の近くに行って話し始めてもいいということです。

視線同様，教室の中に死角をつくらないように，立ち位置を意識さえしていれば，どの子も集中して話を聞けるようになります。「おいっ，そこ聞いているんか！」と叱ることもなくなり，教室はいい雰囲気になるはずです。

ポイント

- □ 視線，立ち位置を意識して話すと，無駄に叱ることがなくなり，いい雰囲気で話すことができる。
- □ そのためには，自分の癖を知ることが大切である。
- □ ここで言うSTFは，プロレスの蝶野の必殺技とは関係がない。

Column

アナウンサーから学ぶ

　私の大学時代からの親友に，平野賢という元 OBS のアナウンサーがいます。
　東京に行く時は，彼の家に泊めてもらうことも多く，たいてい，夜はビールでも飲みながら，大学時代のノリのまま意味のない会話をダラダラとすることが多いのですが，時々，真面目な話をすることもあります。
　その時の話。

1　女子アナの髪型がほぼ同じである理由
　最近は，女子アナのタレント化，アイドル化が進んでいるため，多少話は変わっているのかもしれませんが，少なくとも数年前までは，ニュースを読んでいる女子アナの髪型には，ある種の鉄則があったそうです。
　例えば，「おでこを出す」ということです。
　他にも，「派手なイヤリングをつけない」というものもあるそうです。できればつけない。つけても動かないイヤリング。
　新任アナウンサーは，このようなことまで指導されるのだそうです。
　「で，なんでなん？」
　「それは，ニュースを見ている人の目がそっちに行ってしまうからなんだよ。話している内容ではなく，見た目に。」
　「そう言えば，学校でも同じようなこと言ってるわ。教師の外見ではなくて，教室掲示のことやけど。」
　特別支援教育の視点から，教室前面の掲示はできるだけシンプルにする…ということはよく言われています。
　どちらの事例も「話を聞くために邪魔になる余計な情報はあらかじめカットしておく」という理由から行われているわけです。

女子アナウンサーの外見と教室前面の掲示の意外な共通点がこんなところにありました。

2　あなたの話はモノクロですね
　これも，新任アナウンサー研修での話。
　何かお題を与えて，そのことを実況するという研修があるそうです。
　その模擬実況をした後，ダメ出しを先輩アナウンサーがするのですが，その時，彼は次のようなコメントをすることが多かったそうです。
　「あなたの話はモノクロですね。」
　ええ，俵原の飲み会での話は，ほぼ，ももクロです…ということを彼は言いたいのでは，もちろんありません。
　モノクロ…白黒だということです。
　つまり，話を聞いていても，その情景が昭和30年代のテレビのように白黒の画面しか浮かんでこないということです。
　「色のことを話すと，話の豊かさが変わってくるからね。それと音も…。」
　何があるか，何をしているのかだけを伝えるのではなく，色や音など聞き手のイメージを膨らませる言葉を話の中に入れていくことが大切なんだそうです。
　「例えば，風鈴の音が聞こえてきます…と言えば，気持ちのいいそよ風が吹いていることを視聴者に伝えることができるだろ。そういうこと。」
　なるほど。
　これは，教師の話し方だけではなく，子どもへの話し方指導にも使えそうです。(そう言えば，作文指導では「オノマトペを使いましょう」というのは定番メニューですよね。)

3 大きな声と間

「で，他には，どんなこと指導したりするん？」

「それと，『大きな声は届くという考えは捨てた方がいい。』もよく言うね。」

アナウンサーといえば，滑舌よくはっきりとした大きな声で話す…というイメージがあったので，これも意外といえば意外。でも，言われてみれば，確かにそうです。場合によっては，大きな声はむしろ邪魔になります。

「小さな声で囁くように話した方が効果的なこともある」ということは，意識しておいて損はありません。

「あとは，『間』の注意もよくしたよ。」

「『間』については，音読指導でもよくするわ。でも，これがけっこう難しくて。『間』をあける…ということがなかなかできないんよね。で，どう指導するの？」

「自分が『間』を空けていると感じているその時の感覚の3倍空けるようにしなさい…と指導する。」

「3倍かぁ。つまり，シャア専用ってことやね。」

「話す」というくくりでは，アナウンサーと教師の間でも結構共通点が見つかるものです。

「でもなぁ，タワラ。先生の場合，話を聞いてくれる対象は目の前にいるから，そのリアクションはすぐに分かるよね。相手を見ながら話をすることができるということは，教師の方が圧倒的に有利なんよ。アナウンサーの場合，テレビやラジオの向こうに聞き手がいるから，常に一方通行。その辺が大きく違うところだから，うらやましいところはあるよ。」

確かに…。

第2章

押さえておきたい！
話し上手な教師になるための極意

1 これだけは絶対ダメな話し方

1 話し方の悪い癖を治すのだ

「無くて七癖，あって四十八癖」という言葉があるように，話し方にも人それぞれ癖があります。あなたの身の回りに，必ず語尾に「～なのだ」とか「～だっちゃ」とかついちゃう人はいませんか？

たいていの場合，本人はその癖に気づいていません。

「これでいいのだ。」

と思っているのです。

ただ，「これでいいのだ」が口癖の人は，周りの人を不愉快な気持ちにさせない（むしろ愉快な気持ちにしてくれる）ので，まさしくこれでいいのですが，本人無自覚のまま周りをイライラさせてしまう話し方をしてしまう人もたまに見かけます。

自分の悪い癖に気がついていないのです。

教師という職業柄，このような癖がある人は早急に直さないといけません。クラスの子どもたちは，あなたのその話を一日中，一年中，聞いているのです。ストレスたまりまくりのはずです。

とは言っても，なかなか自分の話し方の癖には気づかないものです。そこで，いくつか絶対ダメな話し方を紹介します。一つでも当てはまったら，これからはそのことを意識して話すようにしてください。意識することが大切です。体に染みついた癖って簡単に治るものではありません。でも，意識することさえできれば，すぐに治らなくても，時間をかけて治していくことができるはずです。それでいいのです。

2 「でも」「だけど」逆接の接続詞を使う

会話の中に，逆接の接続詞がよく入る人がいます。
「この本，読んでごらん。すごく役に立ったよ。」
「でも，教育書って高いからなぁ。」
「今度，研究授業をしようと思っているんだけど。」
「だけど，人に見せることになるから，準備とか大変だよ。」

逆接というぐらいですから，その後には必ず否定語が続きます。言っている方は，単に自分の思いをつぶやいたり，相手を心配しているつもりだったりして悪気がない場合がほとんどですが，言われている方はそうは感じません。自分の話を遮られたかのように感じてしまいます。決していい印象は持たれません。「この人に話しても無駄だな」と感じ，距離をとられることになります。

ただ，逆接の接続詞を使わなくてはいけない場合もありますよね。
第4章で述べている「子どもがけんかをした時の話し方」の例のように，相手の言うことをすべて肯定するわけにはいかない時なんかがそうです。でも，その時も相手の話の一部でいいから，まず一度受けとめます。
「君の怒った気持ちはよく分かりますよ。でも，手を出したことはいけません。」
このような話し方をするのです。

3 マイナスオーラの言葉を話す

「でも」や「だけど」「然らずんば」などの逆接の接続語よりも使ってはいけないのが，マイナスオーラ満載の言葉です。
「無理ぃ～」「だるい」「めんどい」さすがに教師でこのような言葉が癖になっている人はいないでしょうが，「忙しい」「しんどい」などが口癖になっ

ている人はいると思います。だって，教師の仕事って，忙しくて，しんどいこともありますからね。でも，周りの人をハッピーにするような凄い人は，このような言葉を使いません。私の師匠，有田先生が決して「忙しい」という言葉を口にしないことは，第5章でも紹介していますが，教師ならばできるだけマイナスオーラの言葉を口にしないように気をつけるべきです。

　日本には古来より，言霊信仰というものがあります。

　ある言葉を口にすると，その内容が実現しちゃうというものです。もちろん科学的根拠などはないのですが，そうは言っても，「目標を紙に書いて，毎朝声に出せ」と書かれているビジネス書は多数ありますし，私がよく言っている「ゴールはハッピーエンドに決まっています」というのもそのたぐいの一つです。ご飯だって，「めっちゃうまい！」と言いながら食べると，おいしさが120％アップ（当社比）するもんです。

　だから，プラスの言葉を意識して使うようにしてください。普段から，プラスオーラの言葉を使うように意識すれば，マイナスオーラがつい口に出る悪い癖もなくなっていきます。

４　「ええっと」「あのぉ」がつい口に出る

　自分が話し出す時や，話のつなぎに「ええっと」や「あのぉ」や「まぁ，そのぉー」とかの言葉がつい口に出る人は要注意。これもいい癖ではありません。

　「話すことがまとまっていない，だけど，沈黙によって不自然な間をあけたくない」という気持ちから出る言葉なんでしょうが，このような言葉を多用すればするほど，聞く人には不安を与えてしまいます。

　「ええっと，胸が痛いんですね。それは，…あのぉ…えーと，たぶん，風邪なんじゃないかな。」

　もし病院に行って，お医者さんにこのように言われたらどうします。このお医者さんにすべてを任せよう…という気にはなりませんよね。

「本当に自分は風邪なんだろうか。実は，もっと重い病気かもしれない。」
「百歩ゆずって風邪だとしても，そもそもこの人はちゃんと風邪を治すことができるんだろうか。」
そして，その結果，考えることはただ一つ。
「他の病院にいこ。」
あなたも，このお医者さんと同じようなことをしていませんか？
「ええっと，そうですか。最近，学校に行きたがらないんですか。それは，…あのぉ…えーと，何か，嫌なことが学校にあるのかもしれませんね。…」
「大丈夫か，この先生…」という気になりますよね。
でも，同じことを話していても，ただ単に「ええっと」や「あのぉ」を無くすだけで印象はかなり違ってきます。
「最近，学校に行きたがらないんですか。何か，嫌なことが学校にあるのかもしれませんね。」
この話し方なら，先生はすぐに原因を調べて，解決してくれるのでは…というような気になってきます。
「ええっと」「あのぉ」などの冗長語が口癖になっている人は要注意です。一度，自分のしゃべり方をチェックしてください。授業の様子をビデオやボイスレコーダーで記録して，後で聞いてみてください。冗長語の多さに愕然とするはずです。

5 話が長い

「冗長語がつい口に出る」がダメな理由は，聞き手を不安にさせるということだけではありません。「冗長語が多くなると，どうしても話が長くなるから」という理由もあります。（もともと，「冗長」という言葉は，「文章・話などが，むだが多くて長いこと」という意味です。考えてみれば，冗長語が増えれば，話が長くなるのは，当たり前の話です。）
「話が長い」ということは，それだけで，聞き手にストレスを与えます。

どんなにいい話をしていても、話が長ければ、そのよさも半減するのです。
　例えば、全校朝会での校長先生の話は、長くなればなるほど子どもたちはどんな話を聞いたのか覚えていません。
「はよ、終わってよ。」
「で、何が言いたいの？」
「もう話を聞くの疲れたよ。」
　声には出さなくても、心の中でこう思っているに違いありません。なぜ子どもの気持ちが分かるのかって？　それは、大人である私もそう思っているからです。本当に、長い話を聞くことは疲れます。
　尊敬する野口芳宏先生が、セミナーで言った言葉に、
「話すのと聞くのとでは、どちらが大変だと思う。それは、聞く方だよ。話しながら、寝ている人なんて見たことも聞いたこともないだろう。」
というものがあります。確かに、話を聞いていて寝てしまったことは何度もありますが、話をしていて寝てしまったことは、寝ることが大好きな私でさえ一度もありません。けだし名言です。
　では、どうすれば話を短くできるのでしょうか。
　まず、意識することは、先にも述べた「冗長語を無くす」ということです。これだけで、ダラダラとした印象はなくなってきます。
　そして、言いたいことのポイントを一つだけ決めて話してください。
　校長先生の話でも、話の内容が増えれば増えるほど子どもたちの頭の中に、その話は残っていません。自分の話が長いなと薄々感じている人は、全校朝会や授業で話すような時は、話す内容を文章で書いてみることをお勧めします。短く端的に話すトレーニングをここでするのです。
　また、日常会話のような場面では、相手がいるということですから、自分一人がいつまでも話をせずに、相手に話をふるようにすると、必然的に話は短くなります。

6 上から目線で話す

　えっ，「上から目線」って何か分からない？
　普通，知っていると思うんですけどね。
　仕方がないから，教えてあげますよ。「上から目線」というのは，「人に対して露骨に見下した態度を取ること」ということです。
　常識ですよ。これくらい…。

　…ね。なんかむかつくでしょ。
　目の前で実際にこのように言われたら，もっと腹が立つと思いませんか。
　第5章でも書いていますが，話し方で，一番やってはいけないのが，この「上から目線」で話すということです。
　保護者にはもちろんですが，クラスの子どもたちに対しても同様です。
　「先生だから，子どもに対して『上から目線』で話すのは当然」と思っていると，ひどいしっぺ返しを食らうことがあります。
　中には，「なめられてはいけない」と意識して，あえて上から目線で話をする若い先生もいますが，逆に，「小さい人間だ」と見透かされ，なめられるだけです。「上から目線」で話さなくても，子どもたちはあなたのことをいい教師として見てくれています。自信を持っていただいて大丈夫です。だって，あなたは，この本を読もうとするセンスのある人ですから（笑）。

7 心がこもっていないように見える

　「あなたは褒められて伸びるタイプですか？　それとも叱られて伸びるタイプですか？」という問いに対して，ほとんどの先生方は，褒められて伸びるタイプと答えます。やっぱり，大人でも褒められるとうれしいものです。
　ただ，褒められてもうれしくない場合があります。それは，褒め言葉に心が

こもっていない時です。
「はい，はい，すごい，すごい。」
なんて言われたら，むしろ腹が立ちますよね。

　褒め上手な人は，まず自分自身が何よりもうれしそうにしています。だから，自然とうれしいという感情が声に乗っているのです。（これぞ，まさに「正しい発声」です。）そして，それが褒められる人に伝わるのです。

　だから，褒め言葉に嘘を混ぜてはいけません。自分の感情に正直だからこそ，言葉に気持ちが入ってくるのです。

　それに高学年ともなると，教師のわざとらしい言動には敏感な子が増えてきます。だから，あまりにも的外れなことを褒められたり大げさなリアクションをされたりすると，逆効果。かえって反感を買うことになります。（とは言っても，時には，大袈裟に喜ぶぐらいの優しいウソは，小学校の先生には必要ですが。）

　でも中には，自分は本気で喜んでいて褒めているつもりなのに，そのことが伝わらないという人もいるかもしれません。

　内面がOKなら，あとはスキルの問題です。

　まさしく，「自分の感情やイメージがちゃんと表現できる声を手に入れること」という「正しい発声」ができていないということでしょう。

　声の大きさ，速さ，高さ，間はどうですか？

　同じ学校の褒め上手な先生の真似から始めてみることがいいと思います。

　私の尊敬する有田先生も若かりし頃は，クラスの子どもたちに「先生は暗いから。」と言われて，鏡の前で笑顔の練習をしたそうです。

　あの有田先生ですら，そのような努力をしていたのです。凡人である私たちは，練習あるのみです。

8 昔の話をしてしまわない

　男というものはあほなもんで、「こう見えても、俺、昔、ワルだったんだよなぁ。」と、つい俺様ワルワル合戦をしてしまうものなのですが、もちろん、ここで言う「昔の話をする」というのはそういうことではありません。
　例えば、子どもが掃除の時間にほうきを振り回して遊んでいたとします。
「小林くん、掃除の時間、ほうきを振り回してはいけません。掃除をする気がないのなら、しないでください。」
で、話をここで終わればそれでいいのに、ついつい感情的になってしまい、昔のことまで引っ張り出して叱ってしまうということです。
　「そう言えば、この間も掃除の時間、机の上にのって踊っていたわね。いつもあなたは危ないことばかりして…。」
　たぶん、小林くんは、机の件はその時に叱られているはずです。それなのに、また過去の失敗を引っ張り出してきて、クドクド叱るというパターンです。終わってしまったこと、しかも、一度叱られていることを言っても、子どもの心には響きません。
　「それ、今、関係ないし。」「前にも注意されたやん。」
　子どもにとっては、嫌な思いが残り、反発する気持ちが生まれるだけです。当然、話も長くなります。いいことは一つもありません。

ポイント

- ☐ 自分の話し方の癖を知ろう。
- ☐ 悪い癖は意識すれば、直すことができる。NGな話し方は、次の7つ。「逆接の接続詞を使う」「マイナスオーラの言葉を話す」「冗長語が口に出る」「話が長い」「上から目線で話す」「心がこもっていない」「昔の話をしてしまう」

2 話し上手な教師になるための極意

2 話し上手は聞き上手①
笑顔でうなずく

1 聞き方の「あいうえお」

いろいろな教室をまわっていると，時々，次のような掲示物を見ることがあります。

聞き方の「あいうえお」
- あ　相手を見て
- い　いい姿勢で
- う　うなずきながら
- え　笑顔で
- お　終わりまで聞く

　他にも，「い　一生懸命に」というバージョンもあるようです。また，ビジネス用のものでは，「あ　アイコンタクト」だとか「お　おうむ返し」というバージョンも見たことがあります。
　ただ，どのパターンでも共通しているのは，「う」と「え」。
　それだけ重要ということなんでしょう。
　つまり，何よりも「笑顔でうなずく」ことが大切ということです。
　ちなみに「おうむ返し」は，教師の聞き方スキルとしても，重要なスキルです。「先生，おなかが痛いんです。」「そう，おなかが痛いんですね。」というように，相手の言ったことをそのまま返すという一見簡単なものなのですが，話し手としては，自分の話をしっかり聞いてくれているという気持ちになります。「あぁ，この人は私の話に共感してくれている。」と感じるのです。

2 笑顔でうなずく

「笑顔で聞く」と言っても，話を聞いている間，ずーーっと笑顔である必要はありません。

むしろ，話をしている間，聞き手が常にニコニコしていたら小馬鹿にされているように感じて，嫌な気分になってしまうかもしれません。

笑顔は，一瞬でかまわないのです。

「ねぇねぇ，先生，この間のテスト，3問間違えちゃったけど，だいたいできたよ。」

「そうなの。だいたいできたんだ。」

この一言の後に，しっかりとうなずいて，ニコッと微笑めばいいのです。

その一瞬一瞬を積み重ねていきます。

「うん。今度はもっとがんばるからね。」

「星野さんなら，必ずできると思うよ。」

このように，笑顔でポジティブに受けとめられると，話しても笑顔になります。そして，その結果，次に出てくる言葉もポジティブなものになるようです。

聞き手の受け方一つでプラスのスパイラルが始まるのです。

ポイント

☐ 話し上手は，聞き上手。
☐ 子どもたちに指導している「聞き方のあいうえお」は，教師の聞き方としても有効である。
☐ その中でも，特に大切なポイントは，「うなずく」と「笑顔」。

3 話し上手は聞き上手②
話を引き出す裏ワザ

1 相手の話を引き出すために…

「ストックスピール」という話術のテクニックがあります。これは，誰にでも当てはまるようなあいまいなことを言って，いかにも「この人は自分のことを分かっている」と思わせる方法です。

皆さんのよく知っている人でこの「ストックスピール」をうまく使いこなしているのは，タモリさんです。久しぶりに会った人に対してこう言います。

「髪切った？」

「えっ，分かります。誰も気付いてくれないのに，うれしい。」

と，大当たりすれば，儲けもの。（でも久しぶりに会っている人ですからその間にたいてい髪ぐらい切っているはずです。）信頼のパイプが一気につながり，その後のトークも盛り上がります。もちろん，たまには外れることもあるでしょう。

「何を言ってるんですか。今，髪伸ばしているんですよ。」

「あれ？ そうだっけ？ 前会った時もっと長くなかった？」

外れたとしても，相手はそんなに悪いイメージを持つことはありません。ノーリスク・ハイリターンの技といえます。逆に，対応次第では，間違ったことを笑いに浄化することも可能です。

例えば，けんかをした子どもへの聞き方がこれに当たります。基本的な話し方・聞き方は，第4章で述べていますが，けんかをした子どもがなかなか自分のことを話さない時に，この「ストックスピール」を使うのです。黙ったまま固まっている大地くんにゆっくりと低めの声で話しかけます。

「そうか，大地くん，つらかっただろうね。」

けんかをしたのだから，つらいのは決まっています。つまり，これは，誰にでも当てはまる会話ということです。でも，言われた方は，一般的なことを先生が話しているとは思いません。先生は，自分のことを分かってくれていると感じます。

そして，大地くんは，ポツポツと語り始めるのです。

2 気まずい展開を打破するためにズームイン

休み時間など，子どもたちと意味のない会話をする時，使える話術のテクニックに，ズームイン（縮小解釈）というものがあります。子どもたちの考えていることや思っていることをつなげたり，絞り込んだりするときの手法です。

「最近，楽しそうだね。」と話をふったら，その子に「いや，あんまり…」と言われてしまった時などに使います。

とても気まずい展開です。

まぁ，特に確信もないのにもかかわらず，最初に何となく「楽しそうだね。」と言ってしまったのがいけないのですが，このままにしておくと，その子は「先生は，僕のことちゃんと見てくれていない。」という思いを持ち，教師に対して不信感を持つかもしれません。

せっかく信頼のパイプをつなげるつもりで話しているのに逆効果です。

そこで，使うのが，ズームイン（縮小解釈）という技です。

「でも，最近明るい表情しているよ。なんかあったでしょ。」

と，その子が一瞬でも楽しかったことを切り出して話を続けるのです。

教師からにこやかな笑顔でこう言われると，「そうだったかな？」と最近の楽しかった出来事を思い出そうとします。ここで，「そういえば，この間，おばあちゃんの家に行って…。」というような会話が出てきたら，その話題に続けて話を進めればいいというわけです。

それでも出なかった場合もあるかもしれません。そんな時はこう言います。

「でも，本当にいい表情しているんだけどな。きっといいことがやってくるよ。」

あくまでも，教師の主観では「いい表情だ」ということで押し切ってしまうのです（笑）。

3 話が食い違ったらズームアウト

細かい点に論点をずらして話をつなげていくズームインとは逆の手法に，ズームアウト（拡張解釈）というものがあります。話のフレームを広げることによって，話をつなげていくのです。

例えば，個人懇談会などで話している時，なぜか話が食い違ってしまった時（と言っても，教師側の認識不足が主な理由）などに使います。

「最近，ちょっとうちの子，悩んでいるみたいなんですけど。」
というお母さんの声に対して，あなたの頭にまず浮かんだのが勉強のこと。そこで，お母さんの話を最後まで聞かずにこう言ってしまいます。

「ええ，勉強のことですよね。」
ちょっと自慢気な声には，実際にはその子のことをしっかり見ていないのにもかかわらず，「○○君のこと，よく見ているでしょ。いい先生でしょ。」という自分をよく見せたい気持ちが見え隠れします。でも，そんな時に限って，うまくいきません。お母さんはこう言ったのです。

「いえ，勉強よりも友だちのことで…。」
これは，まずいです。
何も分かっていないのに，いい恰好をしていたことがバレバレです。
ここで，ズームアウト。
「そうなんですよ。今，現在悩んでいるのは友だちのことみたいですが，このままだと勉強も手につかなくなりそうなんですよ。実際，最近宿題を忘れることが時々あって気になっていたんです。」
こう言って，とりあえず勉強の話に持っていき，話を立て直します。

さて、ここまでズームイン・ズームアウトの話を読んで、こう思いませんでしたか？

「なんかズルい。」

その通り（笑）。

これらのテクニックは、もともとコールドリーディングでよく使われている手法で、占い師やできる営業マンがよく使っているものです。

プロレスで言う5カウント内の反則技です。最初から邪道で突き進む必要はありません。

あくまでも裏技。

非常用です。

だから、教育の場では、本来使わない方がいいと思っています。1回や2回ならごまかしも効くかもしれませんが、多用しているといつかボロが出ます。きちんと相手のことをよく見ていればこのような状況に陥ることはありません。

非常事態に陥らないように気を付けることこそが大切なのです。

ポイント

- □ 相手の話を引き出す手法として、「ストックスピール」「ズームイン（縮小解釈）」「ズームアウト（拡張解釈）」というものがあります。コールドリーディングのテクニックです。
- □ でも、それらはあくまでも裏技。使い過ぎないように。

4 話し上手は聞き上手③
ガハハと笑う

1 ひな壇芸人のように

　教師と子ども（もしくは保護者）の1対1の会話ではなく，教師と子どもたち（もしくは保護者のみなさん）というような1対多の会話の場合，教師がいつも主役や司会進行の役を引き受ける必要はありません。

　時には，わき役として会話に参加すればいいのです。

　でも，お客さんではいけません。その会話を盛り上げるわき役を演じましょう。そう，イメージとしては，ひな壇芸人のような感じです。

　例えば，休み時間，教室で日記の返事を書いていると，近くで子どもたちが昨日見たテレビの話をし始めることってありますよね。そのようなシチュエーションでの会話。

「昨日，テレビで『天空の城』やってたよね。」
「見た，見た。」
「私，あれが一番好きかな。」
「うん。うちも…。」
「でも，結構何回もテレビでやってるやん。で，昨日はパズーが何回死にかけたか数えながら見ていてん。」

　聞き耳を立てていた私は，ここで思わず笑ってしまいました。

「ガハハ…。数えたん？　凄いねぇ。」
「やっぱ，植木さん面白いね。」
「ね，何回ぐらいあったの？」
「うんとね。39回ぐらいかな。でも，その2/3は天空の城に行ってから。」
「ほんと，マニアックやね（笑）。」

教師が大声で笑うことで,「今が笑い時ですよ」と場の空気をつくり,会話を盛り上げることができたのです。しかも,植木さんの面白さをプロデュースしながら。(たぶん,教師があそこで声をあげて笑わなければ,「そやな。けっこうやっているよね。」で,会話は流れていったはずです。)

2 教師が一番楽しそうに笑う

　以前,私のクラスを1日参観した先生から,「よく笑うクラスですが,俵原先生が一番よく笑っていたことが印象的です。」と言われたことがあります。

　「ひな壇芸人のように」と言っていますが,プロではないのですから,「ボケやツッコミ」「掛け声をかける」「こける」など,無理してしなくてもいいのです。(もちろんできる人はやって構いません。)

　ただ,ひな壇芸人がよくやっている誰かがオチを言った時,手をたたきながら大笑いをするという姿勢は見習ってほしいと思います。笑い声という効果音が入ると,場が一気に盛り上がるからです。

　で,その役割を適切にできるのは,やはりクラスの子のことをよく知っている教師です。その子が笑ってほしくて言った時は比較的分かりやすいのですが,言った本人ですら気づいていない面白さを発揮している時や失敗したことを笑いで吹き飛ばしたい時などの見極めは,教師にしかできません。

　「教師が一番楽しそうに笑う」は,教師の聞き方の王道中の王道です。

ポイント

- □ 多人数の会話を盛り上げる時は,ひな壇芸人になったつもりで会話に入り,話を盛り上げましょう。
- □ ひな壇芸人の技の中でも「手をたたきながら,大声で笑う」とテクニックは特に重要です。場の雰囲気をプラスにします。

5 演じることは悪じゃない

1 ガムを踏んづけてもいらいらしない

前のページで「教師が一番楽しそうに笑う」と書きましたが、この言葉に対して、こう思った人もいるはずです。
「いつもいつも楽しいとは限らない。」
当たり前です。
渋滞でタクシーが進まなかったり、好きなアイドルが解散しそうだったり、あの頃の未来に僕らは立っているんだろうかと不安になったりなど、人生っていろいろなことがありますよね。
でも、それでも教師は楽しそうにしていなければいけません。
子どもたちに不機嫌な顔を見せてはいけないのです。
プロの自覚があるのなら、いつも上機嫌で明るく楽しい教師を演じなければいけないのです。

2 ありのままの姿でいいのか？

日本では（と言ってもアメリカのこともよく知りませんが）「演じる」という言葉自体に、「ありのままの自分を見せずにウソをついている、誤魔化している」というイメージがあります。
だから、「いつも上機嫌で明るく楽しい教師を演じましょう！」と言われることには、違和感を持つ方もいるかもしれません。（でも、実際、ありのままの自分を見せられると、辺り一面が氷になったり、国中が冬になったりして大変なことになってしまうのは、周知の事実。）

平田オリザさんは，不登校の子どもたちがよく口にする「いい子を演じるのに疲れた」という子どもに対して，「演じなくてもいい」と言うのは，問題回避以外の何物でもないと言われています。そして，その上で，次のような提言をされています。

> 　私たち人間は，何ものかを演じながら生きていかなければならない。だとすれば，本当に必要なことは，「いい子を演じるのに疲れない」子どもを作ることであろう。あるいは，「いい子を演じるのを楽しむ」子どもを，できるならば育てたい。
> 　　　　　　　　　　　　（「日本言語文化研究会論集」2009年第5号）

　私は，この提言に全面賛成です。
　そして，そのような子どもを育てるためには，まず教師自身が上機嫌で明るく楽しい教師を演じなければいけないのです。
　最初は，自分に違和感があっても，「演じる自分を楽しもう」という意識を持って続けていれば，そのうち違和感はなくなってきます。演じているうちに，それが自分自身になってくるのです。
　かくいう私も，初任者の時に，授業を見ていただいた講師の先生に，
「表情が硬い。もっと笑顔で。」
とダメ出しをされた経験があります。
　でも，今は上機嫌教師です（笑）。

ポイント

☐ プロの教師なら，上機嫌で明るく楽しい教師を演じなければいけません。
☐ 「演じる」ことに負い目を持つことはありません。ありのまま…の方が，よっぽど周りに迷惑をかけます。

6 「何を言ったか」ではなく「誰が言ったか」

1 好きな人の話は聞くけれど…

「無回転シュートを打つには，インパクトの瞬間にどれだけ足を振り切り，スピードが出ているかなんだ。」
と，リフティングが10回もできない私がネットでググった付け焼刃の知識を，全国大会を目指す高校のサッカー部の部員に話しても，真剣に耳を傾けてくれる選手はほとんどいないと思います。
「お前，誰やねん！」「お前が言うな。」
関西の高校なら，間違いなくこのようなツッコミが入ってくるはずです。
でも，同じことを本田選手が言ったらどうでしょうか？
それこそ，必死のパッチで話を聞くこと間違いありません。（サッカーにそれほど興味がない私でも必死のステテコで聞くでしょう。）

2 だから，最後は人間力！

ただ，私が同じセリフを言っても，真剣に聞いてくれる場所はあります。
それは，自分の勤めている学校です。
「無回転シュートを打つには，インパクトの瞬間にどれだけ足を振り切り，スピードが出ているかなんだ。」
小学校の子どもたちは，真剣に耳を傾けてくれるはずです。
なぜか？
私がサッカーを知らないことがばれていないから？
いいえ，違います。

「たわせんが言っているから…。」
という理由からです。

　先の高校の例も，見も知らないおっさんが言っているからではなく，本田選手が言っているから，必死のパッチで聞くのです。

　このように，聞き手の立場からすれば，どうしても「何を言ったか」よりも「誰が言ったか」を重要視してしまいます。

　本当なら，「何を言ったか」の方がより大切なはずです。

　でも，サッカーの例でも分かるように，同じ言葉でも言う人によって，感じるその言葉の重みが変わってくることも事実です。

　だからこそ，子どもの見方，学級づくりの力，授業の腕をあげて，子どもたちと信頼のパイプをつながないといけないのです。

　そのためにはどうすればいいか？

　まずは，プロの教師としての覚悟を持つことです。そこに，甘えは禁物です。

　朝4時に起床。30分走って心身ともに鍛えた後，教材研究や学級通信づくり。学校ではもちろん全力投球。家に帰ってから，修養の時間。くだらないバラエティなど見ないで読書三昧。

　いわゆる修行僧のような生活をするのです。

　…と，ここで私のことを多少知っている人はこう言います。

　「お前が言うな！」

　はいはい，私はもっとゆるく生きています。

ポイント

- □ 「何を言ったか」よりも「誰が言ったか」が聞き手にとっては重要です。
- □ だからこそ，最後にものを言うのは人間力。
- □ ゆるく生きることも，人間味を上げるためには重要（笑）。

Column

噺家から学ぶ

落語は好きです。

でも，桂枝雀はもっと好きです。

…というか，落語というジャンル自体は，「俵原好きなものベスト10」には入っていないのですが，桂枝雀という項目は，ここ30年ほど常にランクインするぐらいの好き度です。（ちなみに，桂枝雀以外の常連には，「コーンのお寿司」やら「プロレス」やら「ヨーダ」等があります。あっ，そうそう大事なことが抜けていました。「教育」もです。）

だから，「噺家から学ぶ」と言っておきながら，枝雀さんの話しか出てきませんが，ご了承ください。（まぁ，アナウンサーから学ぶと言っておきながら，友だちとのよもやま話を書いていることに比べたら，全く問題ないのですが。）

1　オーバーアクションとコミカルな表情だけでない

枝雀さんと言えば，まず思い浮かぶのが，オーバーアクションとコミカルな表情。落語素人の私の目が枝雀さんにとまったのもそれが理由でした。

落語がよく分からなくても，見ているだけで楽しいのです。でも，見た目だけでお客を笑わせているのなら，単なる色物に過ぎません。広く浅くで原則3か月しか興味が続かない私はすぐに飽きてしまい，決して，「俵原好きなものベスト10」の常連にはなることはなかったでしょう。

枝雀さんの落語は，一見，派手なパフォーマンスに目を奪われますが，決してそれだけではないのです。何といっても，話術が凄いのです。

その証拠に，映像のない音声のみのCDで聞いても抜群に面白い。むしろ，映像がない分，枝雀さんの話術の力量がはっきりと分かります。リズム，テンポ，間，音色，その全てが聞いていて心地よいのです。やはり，どの分野

でも基礎基本が大切ということです。今でも，私のiPodには枝雀さんの落語が入っているのですが，一時期は，ヘビーローテーションで聞きまくっていました。話し方のいいイメージを持つという意味でも必聴の価値ありです。お勧めします。

2　笑いの原則「緊張の緩和」

　その枝雀さんの名言の一つに，「笑いとは緊張の緩和によって生まれる」があります。これは「場の雰囲気が緊張している時に，ふっと場を和ませるとそこに笑いが生まれる」というものです。
　私の代表的な実践に次のようなものがあります。
　2時間続きの卒業式の練習でのひとこま。
　6年生担任の私は全体指導を行っていました。6年生だけの1時間目の練習も終わり，次の時間から5年生が初めて練習に参加します。ところがこの年の5年生は，例年になくやんちゃな学年。最初にきちんと釘を打っておかないと，卒業式自体が壊されてしまう恐れもありました。かと言って，ガミガミ注意して雰囲気を壊したくもない。そこで，私はお笑い係のシュウくんと前日ある打ち合わせをしていたのです。あと10分ほどで5年生が体育館に入ってくるという時に，私は6年生に向かって次のような話をしました。
　「次の時間から5年生が練習に参加します。5年生が6年生の君たちと真剣度が違うのは当たり前です。少しくらいだれるのも仕方ありません。ただ，5年生は君たちを見ています。君たちの真剣度は5年生に伝わるのです。つまり，5年生の態度が悪いというのは，6年生の真剣度が足りないということです。」
　6年生の子どもたちは真剣に話を聞いています。

「だから，5年生の態度が悪かったり，空気がだれているなと感じたら，思いっきり6年生を…（ここで話を止めて，周りを見回しながら）…シュウ！　指一本動いとるやないか！　話聞いとけ！」
　「は，はい。（サッと立ち上がり，泣きそうな声で）すみませ～ん。」
　私の怒りに対して，顔面蒼白で必死に謝るシュウくんの姿を見て，一瞬，空気が凍り付きました。しかし，これこそが彼と，前日打ち合わせしていた小芝居。
　「…という感じで，これを先生とシュウくんでやるから，本番では笑わないでね。」
　静まり返った体育館は，一転して大爆笑！（本番では，6年生は笑いをこらえるのに必死。5年生はビシッと背筋が伸びました。つまり，大成功！）
　これこそ，まさに「緊張の緩和」から笑いが生まれた瞬間です。
　まぁ，このような小芝居はそうそうありませんが，クラスで誰かを叱って空気が重くなってしまうことってけっこうありますよね。
　そんな時にこそ，それまでの緊張感のある雰囲気を一気に崩してあげることが大切です。内心はらわたが煮えくり返っていても，そんなことはおくびにも出さず，何事もなかったかのように言うのです。
　「はい，では，教科書48ページをあけて。」
　自分が叱られていたわけでなくても，誰かが叱られていると，教室には嫌な緊張感が走ります。1年生だとそれだけで泣いてしまう子も出てくるほどです。だから，教師がしかめっ面から一気に笑顔に変えて，にこやかに話を始めると，教室の中に，ちょっとした笑いとほっとした空気が流れるのです。「緊張の緩和」ができるように，教師たる者，感情のコントロールができないといけないのです。

第3章

こういう時はこう話せ！
話し方の極意
授業編

1 授業中の話し方 3つのツボ

　私の学校の6年生の場合，朝学校に来てから帰るまでの時間の65%を授業の時間が占めています。一日の学校生活で，子どもたちが1番長く過ごしている時間が，授業の時間と言えるのです。つまり，単に量的な面だけを見ても，量が多いだけに，子どもたちにとって影響力がある時間と言えるのです。授業中の教師の話し方次第では，1年後の子どもたちの姿はよくも悪くも大きく変わってきます。

👍 笑顔で話す

　「笑顔の教師が笑顔の子どもたちを育てます」というのが，私が提唱している「笑育」の基本コンセプトなのですが，一日の大半を占める授業時間の間，常に教師がしかめっ面だと，授業を受けている子どもたちの気分も滅入ってきますよね。だから，何よりも大切なことが，「笑顔で話す」ということになります。

👍 余計なことは話さない

　向山洋一氏は，「授業の原則10か条」として，「第2条　一時一事の原則」「第3条　簡明の原則」をあげています。「1回に，1つのことを指示せよ。いっぺんにいくつものことを言われても，混乱するでしょ。指示・発問は短く限定して言いましょうね。それに，クラスの中にはいろいろな子がいるから，全員が理解するまで何回か言わないといけないことも出てくるでしょ。

言うたびに言っていることが変わると,さらに混乱するから,具体的なぶれない言葉で簡単明瞭にね。…」ということなのですが,教師って,話すことが好きな人が多いのか本当に余計な言葉が多過ぎます。発問や指示をした後も,何やかんやで話し続けます。沈黙が耐えられないのです。でも,それって子どもにとっては迷惑千万です。

👍 評価の基準をはっきりさせる

　授業時間こそ,「褒めて褒めて褒めまくる」時間です。ただし,評価の基準をしっかりと持つ必要があります。そうしなければ,ある時は褒められるのに,ある時はスルーされるといったことが起こり,子どもたちの心は教師から離れていきます。ただ,その基準を「できたか・できていないか」にしてはいけません。褒めることが一部の子に偏ったり,逆に多くの子を褒めようと,わざとらしく褒めたりすることが出てくるからです。私の評価の基準は違います。「伸びたか・伸びていないか」というものです。日々,子どもたちは伸びています。この基準ならどの子も褒めることができるのです。

これだけでは困りますが…。

2 授業のはじめは「枕」でひきつける

　落語の場合，いきなり本題に入ることはありません。例えば，「代書（代書屋）」とか「宿替え」のような本来の演目に入る前に，枕というちょっとした話が必ずあるのです。この枕は，観客を温める，これからする話の前フリをしておくなどの役割を果たすのですが，この枕が面白い落語家は本来の演目も必ず面白いと言われています。では，授業の場合，どうでしょうか。授業に枕は必要なのでしょうか。

👍 NO MAKURA, NO SMILE

　はい，必要です。私の師匠有田和正先生の枕は最高でした。「おはようございます。」「おはようございます。」「いやぁ，このクラスのみんなは元気ですね。生きてますね〜。」やはり，枕が面白い教師は授業も面白いのです。(「ちょっと待って，ちょっと待って，お兄さん。あなた，さっき，余計なことは話さないと言ってたやん！」という若干時代遅れのツッコミに対しては，とりあえず「そんなの関係ない！」とさらに時代遅れの回答を返しておきます。)

👍 枕なしでももちろんオッケー

「教科書58ページ，1番の問題を読みます。」
「では，前の時間の討論の続き。関本くんどうぞ。」
　このようにいきなり授業の本題に入ることもあります。というか，私も，

実はほとんどの場合，枕なしのこのパターンです。それは，子どもたちが初めから，授業に集中しているからです。そのような時には，枕は必要ありませんし，むしろ邪魔です。先の有田先生の例も，他のクラスで飛び込み授業をする際のものです。当然，ご自分のクラスの授業では，枕なし，いきなり授業に入られていました。

👍 では，どんな枕を…

　私の場合，そばがらではなく，低反発性の枕を使っています…というボケは置いといて，授業の枕の話し方としては，第3の輪と第2の輪を意識的に使い分けて話すといいと思います。「今日から立体の勉強やけど，教科書にはいろいろな形のお菓子の箱の写真がありますよね。」(第3の輪)「おっ，岡林くんもう教科書見ているやん。」(第2の輪)「えらいなぁ。よっぽどおなかすいているんやね。」(第2の輪) この後，子どもたちは，お菓子の箱をいくつかの仲間に分けるという問題が来ると予想していました。でも，この日はあえて，さらにワンクッション入れたのです。「さて，問題です。岡林くんの好きなお菓子は何でしょう。」(第3の輪)

子どもの意識が教科書に向いているのでこれはこれでOK！

3 授業の半ばは「ダレ防止テク」で集中力をキープする

あなたは，集中力のある人ですか？　私はあまり自信がありません。大人でもそうなんですから，小学生の子どもに45分集中しなさいと強要するなんて無茶な話です。いいじゃないですか。よく授業の半ばまで集中できたね…というぐらいのゆるい気持ちで対応しましょう。心のゆとりが大切です。でなければ，「こら，何たるんどんねん！」とダークサイドに陥ったかのような罵声を言いかねませんからね。

👍 集中できる時間は10分？　ほんとか！

　小学生が集中できる時間は，おおむね10～15分ぐらいと言われています。もちろん，ゲームに2時間も3時間も取り組んだり，一日中野球やピアノの練習をしたりもできるのですから，いついかなる時も集中できる時間が10～15分ということではありません。結局，楽しければ集中力は高まるのです。つまり，授業の半ばで，子どもたちがだれてきたということは，授業がつまらないということです。反省して，授業の腕をあげましょう。

👍 10～15分を意識する

　そんなこと言われても…ですよね（笑）。授業の腕がそんなに簡単に上がれば苦労はしません。まぁ，45分の授業を15分の3つのブロックに分けて，そのタイミングで新たなネタを持ってきたり，その節目付近で子どもたちの活動を入れたりするとだれることも少なくなるのですが，その辺を詳しく書

いていくと，授業づくりの話になるので，本書ではこのへんで割愛。

実際に，だれてきた時にどのような話をするか述べていきます。

👍 いきなり，起立！

朝の会の時，こう言います。「先生が，『起立』と言ったら，何をしている時でもそれをやめて起立してください。いいですね。やってみます。」何度かその場で練習します。この時の教師の声は，「大きく」「速く」です。だれないように，短くスパッと言い切るのがポイントです。「はい，上手にできました。おはようございます。」子どもたちは，これを朝の会のこと限定だと思っていますが，これを授業の途中，少しだれてきたなと思う時にするのです。

「起立！」子どもたちは慌てて立ちます。「おっそいなぁ。何をしている時でもそれをやめて…と言ったでしょ。」ここは，笑顔で優しく話します。この緊張と緩和でクラスの中に笑い声が起こるはずです。しかも，立つという動作を伴いますので気分も一新，切れかかった集中力もリセットできます。だれた雰囲気を楽しく戻すことができるのです。

あまりやり過ぎると夢にまで見るかも…。

4 授業の終わりは話し過ぎない

　どんなに試合内容がよくても，最後が不透明な決着だと，何かもやもやしたものが残るものです。第2回IWGPの優勝戦がそうでした。ハルク・ホーガン vs アントニオ猪木の対戦。両者リングアウト，両者エプロンカウントアウト…という不透明決着の後，ホーガンが納得しない形で再延長戦がゴリ押しされ，長州乱入の末，猪木のリングアウト勝ちという結末です。やはり，終わりよければ総てよし。授業も同じです。

👍 まとめは子どもに返す

　すみません。ほとんどの方は，興味がないでしょうが，もう少しプロレス話にお付き合いください。で，なぜ，昔のプロレスに不透明な決着が多かったのかといいますと，結局レスラーの格を守るために，簡単に負けさせることができないという内々の理由があったからだと言われています。つまり，主役であるはずの観客に目がいっていないということです。さて，ここで教育の話に戻ります。実は，授業も同じです。教師とは子どもたちに教える人だから，最後のまとめは，教師自身がしなければいけない…と思っているのかどうか分かりませんが，最後に教師がその日の授業のまとめを長々と話しているシーンを見ることがあります。授業の主役は教師ではなく，子どもたちです。

　授業の終わりに絶対やってはいけない話し方は，ただ一つです。
　「教師が話し過ぎない」ということです。

👍 オープンエンドで終わる時の話し方

私の場合，授業の終わり方のパターンは，次の４つです。
①子どもたちがふりかえりの文を書く。それを発表する。
②練習問題をして学習内容を確かめる。
③オープンエンドで終わる。
④その他
（「その他」というのは，今は思い出せないけれど，他にも終わり方があったかもしれないからです。年を取ると人はどんどん姑息になります。）
①②については，特に補足する必要もない（④は補足する内容もない）ので，③について補足します。例えば，有田式ワークをしたときの授業です。
「縄文時代について，いろいろなはてなが見つかりましたね。次の時間，教科書，資料集で調べていきましょう。でも，家に資料がある子は持ってこれるといいなぁ。」あくまでも，第３の輪ではなく，独り言のように第１の輪で言い切ることがポイントです。強制ではないところが，子どもたちのやる気にスイッチを入れます。調べてくる子も数人でてきます。もちろん褒めまくります。

プライベートでも通用するかどうかはあなたの腕しだい!?

5 説明は短く，間を空ける

　寿限無という落語があります。音読教材として使われることもあり，ご存知の方も多いと思いますが，生まれてきた子どもがいつまでも元気で長生きできるようにと，和尚さんから教えてもらったおめでたい言葉を，全て並べていくうちにやたら長い名前になってしまう…という笑い話です。普通では絶対有り得ない長い長い名前が巻き起こすエピソードが，いろいろと展開していきます。

👍 寿限無現象になっていませんか

　この寿限無，最後のオチのエピソードには，いくつかのパターンがありまして，その中の一つに次のようなものがあります。
　「これ，寿限無，寿限無　五劫の擦り切れ　海砂利水魚の水行末　雲来末風来末　食う寝る処に住む処　藪ら柑子の藪柑子　パイポパイポ　パイポのシューリンガン　シューリンガンのグーリンダイ　グーリンダイのポンポコピーのポンポコナーの　長久命の長助，早く起きなさい。」
　「おい，どうした母さん。」
　「いや，今日は入学式だというのに，寿限無，寿限無…が起きないんですよ。」
　「そりゃ，困ったもんだ。やい，寿限無，寿限無…。」
　で，寿限無がやっと目を覚ました時には，夏休みになってしまったというオチです。
　さて，この「寿限無」のように，教師が伝えたいことを，全て並べていく

うちに，やたらと説明が長くなってしまうということを，私は「寿限無現象」と呼んでいます。

　まさか，その長い長い説明だけで，授業が終わってしまったり，夏休みになってしまったりすることはないでしょうが，長い説明は確実に子どもたちのやる気をなくしていきます。

👍 どうしても長くなるのなら，長い間をあける

　「お道具箱から折り紙と色えんぴつとのりを出して，赤の色えんぴつだけ出したら，他の色えんぴつはお道具箱の中にしまいます。」

　例えば，このような内容の説明の場合，一文を短くしていきます。

　「お道具箱から折り紙と色えんぴつとのりを出します。」

　そして，次の説明をすぐに言わずに，ここで「間」をあけます。教師は，この間に，子どもたちの行動を確認するのです。確認後，説明を続けます。

　「次に，赤の色えんぴつを出します。」

　説明が長くなりがちな場合には，話と話の「間」を特に意識してください。そうすることによって，「寿限無現象」を防ぐことができるのです。

長い説明は短く分ける…100回はムリでも10回を10セットならできるのと同じ！

6 重要なポイントを説明する時は予告する

「面白い話があるんだけど。」このセリフ，関西ではNGワード中のNGワードです。だって，こんなことを言ったら聞く方は，めっちゃ期待してしまうでしょ。「どんなに面白い話を聞かせてくれるんや。」って。自らハードルをあげてしまい，いいことなんて一つもありません。でも，重要なポイントを説明する時には，「今から，大切な話をします。」というように，最初にドーンと予告した方が効果的です。

 まずは心構えをつくる

「よ〜し，今から言うところはテストに出るぞ〜。」

中学や高校時代，授業中，ついさっきまで，ぼーっと他のことを考えていたのに，この一言で，教師の話をしっかり聞こうと一気にシフトチェンジした…という経験は，多くの人にあると思います。

小学生でもいっしょです。

「今から，話すことがポイントです。しっかりと聞いてください。」

このように予告をしっかりとして，最初に聞かないといけないという心構えを持たせます。そして，少し長めの「間」をあけて，全員が話を聞く態勢になっているか確かめます。もし，なっていなければ，次のように言います。

「おへそが，先生の方に向いていますか？」

クラスの子どもたちの目が教師に向くように指示をします。また，手遊びなどしている子がいれば，個別に注意します。

「伊藤くん，定規を机の上に置きなさい。」

キーワードの前に間をあける

　そして，重要な話を始めます。
　話を進めていくうちに，これだけは押さえたいというキーワードが出てくるはずです。一気にリズムよく話すのではなく，少し間をあけて話すことが大切です。
　「分母が違う分数の足し算は，分母を…（間）…通分…（間）…することがポイントです。」
　間をあけるだけではなく，声の大きさや速さを変えたりするのも効果的です。私は，キーワードの部分だけ，あえて低い声で読んだり，ドラえもんのような話し方をしたりするなど，声の高さや音色を変えたりすることがあります。クラスのお調子者がすぐに真似をしてくれます。当然やってもらいます。先生が言う，お調子者の友だちが言う，そして，みんなで言う。このようにして，大切なキーワードを何度も口にすることによって，キーワードを何回も聞くことになる状況をつくりだします。そうすることによって，重要なポイントを定着させるのです。

「音読カード」を使って楽しくキーワードを音読！

7 机間巡指は声をかけたら立ち去る

> STFのところ（p.30）でも，少し話したのですが，教師の立ち位置は授業をつくっていく上で，非常に重要な意味を持っています。机間巡指をすることによって，教師のオーラを教室の隅々にまで届けることができるのです。それなのに，何となく教室を歩いているだけや，気になる子のところに猫まっしぐら的に駆けつけて最後までその場を動かないなど，形だけの机間巡指が多いこと，多いこと。

👍 その場にとどまるな！

「それでは，ノートに考えを書いてください。時間は5分です。」
　さぁ，机間巡指の時間です。
　机間巡指ですから，全てのクラスの子どもたちの様子を見てまわらなければいけません。ところが，あなたは勉強が気になる小鹿くんの机に一目散。結局，5分間，小鹿くんの側につきっきり。
　これでは，机間巡指の意味がありません。
　一番してはいけないことです。
　ここまで，極端な例はあまりないかもしれませんが，机間巡指をしている途中，ある子のノートを見て，その子を指導しているうちに，結局，時間いっぱい最後までその子と一緒にいる…というシーンはよく見かけます。次のような感じです。

「岡林くん，とりあえず，『私は，』って書いてごらん。」
　この指示はありです。とりあえず何か書き始めることで，思考が動き出す

ことがあるからです。この後、教師は、岡林くんが、「私は、」と書き終わるまで、横で待っています。さらに次の指導を行うためです。

「で、岡林くんは、どう思ったの？　先生に教えて…。うん、なるほど。それを書いたらいいのよ。」

そして、岡林くんが書きあげるまで、横で待ち続けます。もちろん、これも、NG。机間巡指は、その場にとどまってはいけません。岡林くんの側にいる間、クラスの他の子はほったらかし状態になるからです。

👍 声をかけたら，次に行く

では、どのように声をかければいいのかというと、こうなります。

「岡林くん、とりあえず、『私は、』って書いてごらん。」

どこが違うねん！　…ですよね。そう、まったく同じです。違うのは、この後。声をかけたら、すぐに次の子のノートを見るために机間巡指を続けるのです。岡林くんが書いたかどうかの確認はしません。確認は、机間巡指の２周目に行うのです。そして、その時に、次の指導を簡潔に行います。

５分間だったら教室５周くらいのスピードで！（ただし，走ってはダメ！）

8 机間巡指は子どもに「聞き耳」を立てさせる

　喫茶店や居酒屋などで，隣の人の会話が何気なく聞こえてくることがありますよね。もともと他人の話など聞く気もないでしょうし，たいていはどうでもいいことなので聞き流すと思うのですが，自分にとって反応してしまうようなキーワードが聞こえて来た時には意外としっかりと聞いてしまったりしませんか。実は，机間巡指中の教師の言葉，子どもたちはしっかりと聞いているようなのです。

👍 わざと大きめの声で話す

　私は，静かに机間巡指をしません。
　たいてい，何かしゃべっています。
　「植木さん，ていねいに書いていますね。すばらしい。」
　「橋本さん，もう10個書けたの。」
　「この考えは，神谷くんだけです。」
　このように，がんばっていることを褒めながら机間巡指を行っています。
　では，この時の声の大きさはどうかというと，けっこう大きめです。
　本来なら，がんばっている子に対して，その子が聞こえるぐらいの大きさ（第2の輪）で話せばいいのですが，教師の言葉に聞き耳を立てている他の子を意識して，わざと大きめの声で話しています。
　子どもたちは，この教師の少し大きめのつぶやきを意外としっかり聞いています。「あっ，自分もていねいに書かなくっちゃ。」とか「橋本，すごいやん。自分もがんばろ。」とか「なるほど，人と違う意見でもいいんだ。」等，

色々な思いを持って子どもたちは聞いているのです。

👍 時には，正解も口ずさむ

「私は」と書いたものの，そこからえんぴつが動かない岡林くん。

岡林くんのような子が何人もいる場合は，次のような裏技を使うこともあります。（実は，書けない子が何人もいるということは，それまでの自分の授業がいけないということで，本来はその部分を考えていかなければいけないんですけどね。）

「そうかぁ。やまなしは食べられてうれしいという考え方もあるのか。」

答えそのものをつぶやくのです。どうしても，自分の考えが思いつかない子は，これをそのまま写せばいいわけです。また，この教師のつぶやきを聞いて，「いや，食べられてうれしいはずはない。」と考える子も出るはずです。

どちらにしても，書くためのきっかけを子どもたちに提供することになります。

時には，ズバッと正解を口ずさむこともあります（笑）。

ただし，大きすぎる声は迷惑です…。

9 やる気のある子からは あえて距離を取る

「あっ，分かった！」目をキラキラさせて，手をあげる。「うわぁ，めっちゃ面白そう。」理科の実験にも興味津々。授業の時間だけではなく，掃除も一生懸命行う。どんなことにも意欲的にがんばる出木杉くんのような子に対して，どのような声かけをしますか？　教師としては，ある意味，理想の子どもの姿かもしれません。でも，実は，このような出木杉くんのような子ほど，細心の注意が必要です。

👍 陥りやすい失敗

　実習生や１年目の教師が陥りやすい失敗に，「一日を振り返ってみると，このようなやる気のある子どもたちとしか話をしていなかった」というものがあります。なにしろ，やる気に満ち溢れているのですから，褒める材料はいくらでもあります。クラスの中で目についた行動を褒め続けていると，教師自身は気づかないうちに，実はある特定の子ばかり褒めていたということになったりするのです。しかも，このようなタイプの子は，休み時間も，自分から教師のところに駆け寄ってくることが多いです。必然的に話をする機会が増え，結果として，先に述べた失敗に陥ってしまうのです。

　このような事態になってしまうと，いろいろとまずいことが起こってきます。例えば，「先生は神谷くんとしか話をしていない。先生は神谷くんをひいきしている。」という空気が学級に流れたりします。そして，このクラスの子どもたちの不満の矛先は教師だけではなく，神谷くん本人にも向くことがあります。「あいつ，最近調子に乗っているよな。なんかむかつく。」教師

の無意識な行動によって，クラスの中に，やる気のあるがんばっている子の居場所がなくなっていくのです。

👍 あえて距離をとる

　では，どうするのか？　そのような子とは，「あえて距離をとる」ぐらいの意識を持つことで，ちょうどいいバランスになります。でも，それは無視をするということではありません。物理的な距離はとるのですが，心理的な距離はとらない…まぁ，遠距離恋愛的な感じです（笑）。「声をかけ過ぎていないか」と意識することが大切なのです。ただ，そのことを強く意識するあまり，褒めるべきことも褒めなくなっては，本末転倒。「がんばっても認めてもらえない。」と，その子のやる気もクラスの雰囲気もマイナス方向に進んできます。褒める時は褒める。でも，ちょっと気をつけてほしいことがあります。それは，「自主的に音読練習をしてきた人がいます。神谷くん，関本くん，尾崎さん，本当に毎日がんばっていますよね。」というように，何人かセットで褒めていき，ある一人の子が浮かないように配慮するのです。

だからといって，逃げる必要はありません。

10 やる気のない子には毅然と話す

　授業が始まっても，机の上には授業の用意ができていない。授業中，手をあげて発表をしようとしない。ノートもていねいに書こうとしない。その子なりの理由はあるのでしょうが，クラスの中には，教師から見れば，「やる気の感じられない」子どもがいることもあります。このような意欲的に学習に取り組むことが難しい子どもには，どのような対応がベターなのでしょうか。

👍 毅然と注意しよう

　本章の最初にも述べましたが，子どもたちを評価する私の一番の基準は，「伸びたか伸びていないか」です。つまり，その子なりの理由が，単に「今日は気分が乗らない。だらけている」という楽な方向に流れようとしているものから来ている場合，つまり，「伸びよう」としていない場合は，はっきり，きっぱり，さっぱり，毅然とした態度で注意します。「**姿勢が悪いです。**」「**分かっているのに，なぜ発表しようとしないのですか。**」「**その聞き方は，発表している人に対して失礼です。**」

👍 でも，このような子には…

　ただ，前の学年の時，「教室にすら入っていなかった」「学校や担任に対して反抗的な態度をよくとっていた」など気になる行動をしていた子どもについては，多少対応の仕方が変わってきます。というのも，たとえ授業中発表

はしていなくても，授業時間，教室にいるだけで，昨年度に比べて，「伸びている」と言えるからです。もちろん，教室の他の子も，教師の評価基準を知っていますので，「あいつにだけ，甘い。」と言われることはありません。

👍 HIT & AWAY

　このような子は，教師のわざとらしい言動には敏感です。だから，「うわぁ，小林くん，きちんと座っているね。」というような如何にもとにかく褒めればいいんだろうというような言葉がけはかえって逆効果になります。無理やり褒めなくてもいいのです。声をかけるだけでいいのです。休み時間に，向こうから寄っても来ていないのに，教師自ら近づいて声をかけることにはわざとらしさを感じますが，授業中に近づいていくことはわざとらしさは感じません。教材という媒介を通じて，その子と近づけるのです。「まずは，日にちを書いてください。」「次は，小林くんです。」たとえ教師の言葉がけに対してプラスの反応が返ってこなくても，そこはスルー。物理的な距離を縮めていくことによって，心理的な距離もそのうち縮まっていきます。

そのうち，向こうから話しかけてくれるようになります。

11 真面目で目立たない子のがんばりを広める

　どのクラスにも,自分から前に出てくることはないものの,どんなことにも真面目にコツコツと取り組むことができる子どもたちがいるものです。このような子どもたちは,えてして発表など人前に出ることは苦手なことが多いため,クラスの中でも目立たない存在になってしまいがちです。でも,そのような子どもたちにこそ光を与えなければいけません。そして,それができるのは教師だけなのです。

 とにかく声をかける

　まず,教師がするべきことは,「声をかける」ということです。
　このようなタイプの子は,意外と教師から声をかけてもらっていません。「やるべきことをやっていない」子にはすぐに指導という名の声かけが入るのですが,「やるべきことをしっかりとやる」子については,教師サイドから見れば,当たり前のこと過ぎて声をかける必要性を強く感じないからです。
　でも,そうではないのです。教師のちょっとした一言がこれらの子どもたちに,大きな力を与えることになります。子どもたちは,教師の一言を待っています。

 がんばっているポイントをほめる

　例えば,友だちの発表をニコニコと笑顔でうなずきながら聞いている杏果さんには,どのように話したらいいのでしょうか？　この杏果さん,しっか

り友だちの発表は聞けるものの,自分から発表することはありません。だから,クラスの友だちには杏果さんのがんばりは伝わりません。意識しなければ教師ですら,気づかない場合があります。だからこそ,教師の一言が必要なのです。

「杏果さんの話の聞き方は素晴らしいですね。」

もしかしたら,これまで叱られることはないものの褒められることもなかった杏果さん自身が,一番びっくりするかもしれません。でも,必ず彼女の自信につながります。教師との信頼のパイプもつながります。

👍 そのポイントをクラスに広げる

その子と1対1のつながりをつくりつつ,全体への指導も行います。彼女のいいところをクラスの他の友だちに対してプロデュースしていくのです。

例えば,「杏果さん,いつもニコニコ笑顔で友だちの発表を聞いているのが,いいね。発表していた岡林くんも気分いいだろう。」というように,発表者も巻き込みながら褒めていきます。お調子者の岡林くんは,こう振られると,「うん,杏果のおかげや。ありがとう！」とポジティブな反応を返してくれます。このようにして,学級の中に居場所をつくっていくのです。

静かに聞いている子に,スポットライトをあてるのです。

12 さりげない促しで自発的な行動を引き出す

　教育業界は，現在（2015年〜2016年）アクティブ・ラーニングバブルとも言われています。アクティブ・ラーニングで育てたい子ども像でよく言われているのが，「先行きの見えない社会では，主体的，能動的，協働的に学び続ける子どもを育てなければならない」というものです。でも，これは，何もアクティブ・ラーニングに限ったことでなく普遍的な育てたい子ども像ですよね。

👍 完全なる指示待ち人間を育てる⁉

　私は，自発的に動く子どもを育てるためのある仮説を持っています。
　まず，完全なる指示待ち人間を育てるのです。
　最近は，子育てをマニュアル通りに行っている保護者の方も多いようで，１年生に入学した段階で，指示待ち人間予備軍のようなお子さんがかなりの割合で存在します。休み時間なのに「トイレに行っていいですか？」「外で遊んでいいですか？」といちいち許可を求めてくる子，けっこういますよね。
　学校では，そのような子を，さらなる指示待ち人間へと強化していきます。許可を得ずに行動したり指示を聞かなかったりした子を思いっきり叱るのです。そして，完全なる指示待ち人間になった段階で次のような指示をします。
　「いちいち先生に聞かず，自分で考えて自発的に行動しなさい。」
　完全なる指示待ち人間は，この指示を聞いて，自発的な人間になるのです。
　…というのは，あくまでも冗談です（笑）。

👍 自発的に動くことが楽しい

　でも、ここ最近は、指示待ち人間は大人の社会でも多く見られるようになってきました。これって、何年（何十年）か前の学校教育のつけが今来ているということかもしれません。何年後かの社会のためにも、今、がんばりましょう！　では、子どもたちにどのように話せばいいのでしょうか。

　最初は、「自発的に動くことが楽しい」という体験をたくさんさせることから始まります。教師がしてほしい行動を、第１の輪で何となく示し、その行動を真似した子どもたちを褒めまくるのです。第２・第３の輪で教師がしてほしい行動を伝えると、それは指示したことになりますから、自発的な行動とは言えなくなります。とは言っても、第１の輪でも聞き手を思いっきり意識して話しているので、完全な自発的行動とは言えないんですけどね。

「このノート誰か配ってくれないかなぁ。（第１の輪）」
　　　　　　　　　　→「えっ、配ってくれるの！　ありがとう。」
「17個書けたの。がんばったね。（第２の輪）20個まであと３つか。（第１の輪）でも、もう休み時間だから、遊んでいいからね。（第２の輪）」
　　　　　　→「えっ、休み時間もやってたの。やる気満々だね。」

さりげな〜く促します。

Column

プロレスラーから学ぶ

マネージャーのポール・エラリングが叫ぶ。

「シカゴのスラム街でドブネズミを食って生きてきたこいつらを，この俺様が見つけてここまで育てたんだ。そこいらの甘っちょろい奴らに負けるはずがねぇ。」

アイアンマンのテーマ曲にのって，颯爽とリングに滑り込み，パワーファイトで相手チームを一蹴秒殺。

1985年3月，ザ・ロードウォリアーズの雄姿に，全国一千万のプロレスファンは度肝を抜かれました。140kgのキラーカーンをリフトアップ。相手の技をろくに受けることもなく3分余りで試合終了。

「す，凄いっ！」

もちろん，まだ若かった私も大いに衝撃を受けた一人でした。

「ロードウォリアーズ，最高！」

1　果たして本当に最高なのか？

リングインするやいなや，相手に襲いかかり，秒殺！　…というファイトスタイルは，実はプロレスのセオリーからかなりかけ離れているものなのです。(まぁ，かけ離れているからこそ，衝撃を受けたと言えるのですが。)だからという訳でもないのですが，年を取り，いい大人になった私には，ロードウォリアーズのプロレスに対して，次のような疑問が湧き始めてきました。

「相手の技を受けないプロレスラーって，どうなん？」

実際，一流のプロレスラーは，相手がほうきでもプロレスができると言われています。つまり，プロレスは相手の技を受けてなんぼの世界なのです。

だから，先の疑問に対して私は思いました。

「相手の技を受けないロードウォリアーズはプロレスが下手である。」

2　会話もプロレスも受けがポイント

　実は，会話もプロレスといっしょです。
　一方的に，自分の話したいことを言うだけでは，会話は成り立ちません。相手の話をしっかり聞くからこそ，会話が盛り上がるのです。
　つまり，ロードウォリアーズ的な会話をしてはいけないということです。
　きちんと試合開始のゴングを聞いて，相手の様子を見て，試合を組み立てていくということです。
　相手がチョップを打ってきたら自ら胸を差し出す…という潔さも必要です。御大のためによけようと思えばよけられそうな16文キックにぶつかっていく…という自己犠牲の精神も時には求められます。
　すべては，プロレスを見ているお客さんのために…。

　ちなみに，いい大人からさらに大人になった現在の俵原は，ロードウォリアーズを再評価しています。自分のやりたいことだけやって，お客を盛り上げることができるということは，話術で言えば，桂枝雀的に技量が高いのではないかと思うようになったのです。
　うん，やはりプロレスは奥が深い。

3　もっと日常をプロレスしましょう

　さて，もう一度，話をロードウォリアーズに戻します。
　「ドブネズミを食って生きてきた。」
　古きよき時代のお子様たちはこのエラリングの言葉を信じていました。「ハングリー精神がはんぱない。だから，強いんだ。」と…。
　このようなリング上でのプロレスラーのキャラクターをギミックと言いま

す。海外から来た国籍不明の謎の覆面レスラーというのもギミックです。初代タイガーマスクがデビュー当時，国籍不明というギミックだったため，試合中はもちろん移動時も一切日本語が禁止されていたというのは，有名なエピソードです。

　ところで，教師も，学校では何らしかのギミックを演じている場合があります。

　中学校の場合，教科担任制ということもあって，子どもたちを学年全体でみていくために，「お父さん的な先生」「お母さん的な先生」「兄貴的な先生」「優しい先生」「怖い先生」など，それぞれのギミックを担当することがあると聞いたことがあります。小学校の場合，基本は学級担任制ですので一つのギミックで１年間通すと，それに合わない子がでてきた場合，その子にとって逃げ場がなくなります。だから，軸足は決めた上で，その時の状況によって，自分のギミックをチェンジさせ，いろいろな面を見せる必要性があります。

　1000の仮面を持つ男（または女）にならなければいけないのです。

　これは，大変な作業です。

　でも，それはそれで，楽しいことです。

　ちなみに，私の場合は，元ジャニーズというギミックをたまに使います。

　「え〜，元ジャニーズって言うのウソやったん。うち，親戚に自慢したのに。」

　ごくたまに信じてくれる素敵な子が出現します。

　「あえて相手の技を受ける」「ギミックを使う」などなど，日常をプロレスすることによって，ちょっと心に余裕をもった生活ができるようになります。

第4章

こういう時はこう話せ！
話し方の極意
学級活動編

1 朝の会は細かいことはスルーする

> 小さい頃，早起きが苦手でした。できれば，ずっと眠っていたい。でも，そんな訳にはいきません。鋼の精神力で，朝起きて学校に行っていたものです。そんな小学校時代の私にとっての希望が「年を取ると，朝に強くなる」という言葉。「我慢するのも今だけだ。」と思い，がんばっていました。で，月日が流れ，年を取った今も，早起きは苦手です。そうです。「年を取ると，朝に強くなる」なんて，嘘っぱちだったのです。

👍 朝はつらい…だからこそ

　という訳で，私は，朝の会の時に，眠そうにボーッとしている子どもの気持ちがよく分かります。
　「朝は眠くてやる気がないのも仕方ないよな。だって，人間なんだもの。」
　だから，朝からマックスハイテンションの朝の会を目にすると，「朝一番から元気そうでいいなぁ。」とうらやましく感じる半面，「でも，自分はこのクラスにはいたくないな。1年間しんどいやろな。」と思ってしまいます。
　教育には，強制という側面もありますから，無理やり元気を出させることで，本当に元気になっていくということがあります。だから，このクラスのやり方を否定するということではありません。で，結局，何が言いたいのかというと，クラスの中にはいろいろな子どもがいるということなんです。そのことを自覚した上で，朝の会をはじめ，もろもろの教育活動を行ってほしいということです。

一日の見通しを持たせる＆全員強制をしない

　朝の会で一番大切なことは，その日一日の見通しを持たせることです。
「今日は大掃除があります。いつもより掃除の時間が10分早くなります。」
　この話をしっかり聞いていなかった子は，いつも通り昼休み遊んで，その後友だちや先生から非難されることになります。聞いていなかったから悪いと言われればそうなのですが，教師の話し方がまずかったばかりに聞けなかったのなら，かわいそうです。今回の場合，キーワード（「10分」）の前後に「間」をあける，キーワードを際立たせるために「声の大きさ，速さ」などを変えるということをしてください。（p.71参照。）

　そして，もう一つ私が朝の会で気をつけていることがあります。それは，「朝の会で，子どもたちを叱らない」ということです。一日の始まりが教師のお説教なんて絶対嫌ですよね。だから，朝のあいさつは，クラスとして大きな声が出ていればオッケーです。小さな声の子がいてもスルーします。
「おはようございます。今日も，星野くんは元気がいいね。」
　このように，できている子は個別にほめます。ただ，朝から元気が出ない子に対して，やり直しをさせるなどの強制はしないということです。

小さな声の子がいても朝はスルー！

2 意味のない会話で子どもたちとつながる

　私は，懇談会で次のような話をすることがあります。「お家でお子さんと会話をしていますか？」ほとんどのお母さんはこう答えます。「はい，しています。」さらにこうつっこみます。「じゃ，例えば昨日はどんな会話をしましたか？」「『夕ご飯，何がいい？』とか『早く起きなさいよ。』とか…かな。」でも，これって，お母さんが家事を効率よく行うための情報収集的な意味合いが強いですよね。確かに会話は会話ですけどね。

👍 何の目的もない会話こそ大切

　このような情報収集を目的とした会話をいくらしても，子どもたちとのつながりは思ったほど深まりません。
　何か目的を持った会話ではなく，してもしなくてもいいような何の目的もない会話…つまり，「意味のない会話」をすることが大切なのです。
　例えば，お母さん方の井戸端会議やお父さん方の仲間内での飲み屋での会話，部活帰りの中学生の会話など，他の人が聞いたら，「ど～でもよさそうなこと」を話していますよね。そういう会話をすることによって，お互いの距離が縮まり，つながっていくのです。
　そして，休み時間こそ，この「意味のない会話」をする絶好の時間なのです。
　「意味のない会話」をどんどんして，子どもたちとつながってください。
　（授業中でもたまにするのは，OKです。いわゆる先生の脱線話って，自分が生徒の時は，楽しかったでしょ。）

昨日の阪神の負け方，あれ何？

では，どんな会話をすればいいのでしょうか？

休み時間にする「意味のない会話」では，「子どもたちを伸ばす」というような目的を考えなくてもいいのですが，あえて目的をつけるとすれば，「子どもたちとつながる」ということになります。ということで，話す内容は，子どもたちが食いつくような内容なら何でもいいのです。例えば，阪神の帽子をかぶっている子がいたら，野球の話をすればいいのです。

「昨日の阪神の負け方，あれ何？」

「先生も見たん？　押し出しで負けるって考えられへんよな。」

「ほんまや。あんなんやったら，甲子園常連校になら負けるわ。」

このように第2の輪で楽しそうに話していると，必ずその輪に入ってくる子が出てきます。もちろん，その子も巻き込んで話を続けます。

「そう言えば，稲葉さんって，広島ファンだったよね。」

つまり，子どもたちが今好きなものは何かをつかんでおく必要があるのですが，もし分からなくても大丈夫。絶対の必殺技があります。

「ところで，今，流行っているものって何？」

子どもに合わせるだけでなく，自分の得意技で勝負するのもアリです！

3 ダチョウ倶楽部理論で子どもたちをつなげる

> 実を言うと,「子どもたち同士をつなげる」のに,一番いい時間は,授業の時間です。「隣の人とノートを交換しましょう。」「では,黒板に答えを書いてくれた佐久田さんの隣の松山くん発表して。」「作戦タイムです。ノートを持って,誰かの意見を聞いてきてください。必ず,友だちの考えを書き加えるんですよ。」このような声かけをして,子ども同士をつないでいきます。でも,休み時間にしかできない裏技もあるのです。

👍 授業中は多少強引でもいいけれど…

　授業の時間は,先の例のように「勉強だから」という大義名分のもと,かなり強引な形でも,子どもたち同士をつなげる体験をさせることができます。(そして,その回数が多くなればなるほど,最初に感じていた違和感もなくなり,自然な感じで友だち同士がつながるようになってきます。)
　でも,休み時間はそうはいきません。
　もちろん,強引な手を使えないことはないのですが,せっかくの休み時間ですから,無理やりに何か…ということはできるだけ避けたいものです。
　だって,休み時間なんですから。

ふんわりと意図のある会話でしかける

　休み時間の教室での一コマです。
　教室で日記の返事を書いていると,子どもたちがやってきました。

日記を見ながら、その子たちと意味のない会話をひとしきりしているうちに、手元には小林くんの日記が来ました。小林くんは、この場にはいません。
「そう言えば、最近、小林くん、がんばっているよね。」
「うん。そう私もそう思う。5年生の時は、なんか怖い感じがしてたけど、6年になって、ちょっと雰囲気変わったよね。」
「そうそう、宿題も一応してきているみたいだし。」
「まぁ、一応かもしれへんけど、見てみ。けっこうていねいな字やで。」
「ほんまや。意外！」

これは、小林くんのがんばりをみんなに広めようという「意図のある会話」です。休み時間には、子どもたちも素に近い状態で接してきます。いわゆるニュートラルな状態です。それだけに教師の言葉もスッと入っていきます。特に、休み時間、教師の側にやってくる子は、ものごとをポジティブにとらえる傾向が強いので、小林くんについてもいい側面を見て話をしてくれます。このように、間接的に小林くんを褒めて、小林くんとクラスの子どもたちをつないでいくのです。そして、最後にこう言って終わります。
「でも、絶対に小林にこのことを言うなよ。多分嫌がるやろから。」

ダチョウ倶楽部の「押すな、押すな」理論で、必ずこのことは小林くんの耳にも届きます（笑）。

ダチョウ倶楽部システムはかなり有効です。

4 ワンクッション置いて子どもたちを遊びに誘う

　休み時間，あなたはどこにいますか？　職員室でコーヒータイム。たまにはそれでもいいのですが，子どもにとっては休み時間でも，教師にとっては勤務時間なんですから，のんびりすることには若干の罪悪感を持ってくださいね。私の場合，休み時間ごとにいる場所を決めていました。例えば，業間休みには，図書室や教室。昼休みには，運動場。という感じです。休み時間に過ごしたい場所は子どもによって違いますから。

👍 原則，遊びには誘わないけれど…

　休み時間には教師自らいろいろな場所に足を運んで，子どもたちの様子を見ています。運動場で遊ぶのが好きなアウトドア派の子どももいれば，図書室で静かに本を読むことが好きなインドア派の子どももいます。教師がいつも運動場で子どもたちと遊んでいると，インドア派の子と話す機会はほとんどなくなります。かといって，インドア派の子を無理やり外に誘うのもその子にとっては迷惑な話です。
　休み時間ぐらい，自分の好きなところで好きなように過ごさせたい…という思いが私にはあります。だから自由にさせてあげましょう。
　…というわけで，私の場合，昼休みに運動場にいったら，業間休みには，図書室や教室をうろうろするということにしているのです。
　「教師が動く，子どもは好きな場所へ行く」という考えだから，私は，原則的には，休み時間，子どもを遊びに誘ったりはしません。
　ただ，それでも子どもたちを遊びに誘うことが，年に何回かあります。

少し強引にでも、子ども同士をつなげたい時です。
例えば、それまでアウトドア派だった子が急に一人図書室で過ごすようになった場合です。1日や2日なら、体調でも悪いのかな…ですみますが、これが3日以上続くと放っておくわけにはいきません。
声をかけて、遊びに誘います。

まずはインドアの遊びに誘う

いきなり本題には入りません。
「へぇ、沼澤くん、歴史好きなんだ。」
沼澤くんは、「うん」と一言言ってまた本に目を落とします。
そして、昼休みに、図書室に行こうとする沼澤くんに声をかけます。
「沼澤くん、ちょっとこっち来てくれへん。織田信長ってこんな顔やった？」
教室でお絵かきバトルが始まりました。場合によっては、強引に外遊びに誘うこともありますが、まずは、インドアの遊びに誘うという方が誘われた子にとってもハードルが低くなり、自然な感じで遊びに加われるようです。

他の子を連れて、その子のところへ教師自身が行くこともあります。

5 相談ごとは とにかく話を受け止める

　実は，私，ここだけの話ですけど，6年間ほど，あるところで，電話相談のお仕事（といってもボランティアみたいなもの）をしていたことがあります。会ったこともない人からいきなり相談を持ちかけられるのです。その人の言葉をしっかりと受けとめ，その人が納得のいくように返さないといけないという状況は，私自身，教師修行という面でも大変いい勉強になりました。

👍 相談に乗るなんて，簡単だ…と思い込む

　電話でのお悩み相談をすることに比べたら，自分のクラスの子どもからの相談なんて楽勝…と思いませんか。
　だって，相談を持ちかけてくるのは，あなたがよく知っている子どもですし，実際に目の前で，その子のリアクションを見ながら話ができるんですから。
　ね，そう言われてみると，簡単に思えてきたでしょ。
　自信を持って，子どもたちの相談に乗ってください。こういう根拠のない自信というのは大切です。「相談？　私に任せなさい！」という感じで，自信を持って，胸を張って相談を受けてください。
　相談を受ける方が，おどおどしていたら，相談する方はますます不安になるものです。
　でも，実際は，お互い知っている仲だからこそ，逆に難しいという点もありますし，そう簡単なものではないんですけどね。

解決方法を提示する必要はない

　相談を受ける際，まず気をつけることは，相談相手の話をすべて受け止めるということです。話の内容によっては，共感できないこともあるかもしれません。無理に共感する必要はありません。そのような場合は，受容するだけでいいのです。ちなみに，声は「低く」「ゆっくり」を意識します。
「ふ〜ん，伊東くんは，そう思ったんだね。（先生はそう思わないけど）」
　もちろん，（　）の中は口には出しませんよ。途中で口を挟まないで（ただし，相づちとかを打ちながら）とにかく話を最後まで聞いてあげます。
「話を聞いてくれて，ありがとう。なんかすっきりした。」
　このように，ひとしきり話をしたら，それでもう満足という子がけっこういます。でも，中には「どうしたらいいですか？」と解決方法を聞いてくる子もいます。そのような子に対しても，教師が解決方法を提示する必要はありません。その子自身に考えさせるのです。
「じゃぁ，伊東くんはどうしたいの？」
　もちろん，内容によっては，教師がズバリ示した方がいい場合もあります。

笑顔で相手の技を受けきる…それがポイントです。

6 公平なレフェリーとなりけんかを止める

「先生，シュウくんとケイくんがけんかをしています。」休み時間，教室で，子どもたちとワイワイ話をしていると，いきなり森松さんがやってきて，こう叫びました。さぁ，あなたはどうしますか？　もちろん，けんか現場に駆けつけることが最初にすべきことです。いち早く駆けつけて，けんかを止めなければいけません。でも，現場に着くまでに，一つやっておかなければいけないことがあります。

👍 けんかの現場に着く前にやっておくべきこと

けんかをしていると教えてくれた森松さんにけんかの状況を聞く。それも大事なことです。でも，それ以上にやってほしいことが，「とりあえず笑顔をつくる」ということです。ニコニコと笑いながら，現場に駆けつけるという意味ではありません。一瞬でいいから，笑顔をつくるということです。というのも，笑顔には「脳の冷却機能」があるからです。つまり，冷静になって，現場に向かおうということです。「あいつら，またけんかしよった。」と，教師自身がカーッとなって，けんかを止めに行くのは，NG中のNGです。

👍 冷静に怒鳴り，そして，一人ずつ話を聞く

まずは，けんかを止めなければいけません。取っ組み合いのけんかの場合，大声で怒鳴らなければいけないこともあるでしょう。でも，冷静な頭でその場に駆けつけていれば，自分の声の大きさ，高さ，速さなどを意識して怒鳴

れるはずです。感情的なまま駆けつけて、裏返った声で「ヤメナサァイ〜〜。」と言われても効果は薄いです。冷静だからこそ、めっちゃ怒っている雰囲気を演じることができるのです。

けんかが止まったら、お互いけがをしていないか確かめた上で、二人の話を聞きます。その際の一番のポイントは、「一人ずつ話を聞く」ということです。一人が話している時に、絶対にもう一人に口出しをさせてはいけません。

「今は、シュウくんに聞いているから。ケイくんは話さないでください。この後に必ず聞きますから。」

少し意識して低めの声でゆっくりと話します。

「次は、ケイくんの番です。さっき、ケイくんは黙って聞いていたでしょ。シュウくんも途中で話してはいけませんよ。」

同じことを、シュウくんにも話します。

「今、シュウくんの言ったことに間違いはありませんか。」

この問いに「うん。」と答えれば、話は早いのですが、二人の話が食い違っていたら、もう一度同じように聞いていきます。何度聞いても食い違う場合もあります。また、明らかに事実と違う場合もあるでしょう。そんな時でも、

「そうか、君はそう思ったんだね。」ぐらいにとどめておきます。その子を追い詰めない方が次の指導が入りやすくなるからです。

教師は冷静で公平なレフェリーになるのです。

7 道筋を示して仲直りさせる

「けんかするほど仲がいい」という言葉がありますが，教師がけんかした子どもたちをほったらかしにしておくと，遺恨が残り，最悪の場合，その遺恨が保護者間にまで飛び火します。けんかの状況を把握した後は，教師の出番です。お互いに不満が残らないようにして，仲直りさせます。この時の私の締めの言葉は決まっています。「けんかをしないのが友だちではないんやで，けんかをしても仲直りできるのが友だちなんや。」

👍 共感しつつ，毅然とした態度で指導する

「そうか。悪口を言われて腹が立っちゃったんだ。それで，思わず手が出ちゃったということか。シュウくんが怒った気持ちはよく分かりますよ。」

シュウくんが，最初に手を出したという事実をもう一度確認します。自分の気持ちに先生も共感してくれているので，シュウくんも自分の悪かったことを素直に認めることができるのです。

「でも，手を出したことはいけません。4月からずっと言っていますよね。」

気持ちには共感しつつも，行った行為については毅然とした態度で指導します。悪いことは悪いとはっきり告げるのです。

ただ，子どもたちのけんかの場合，10対0でどちらかが一方的に悪いということはほとんどありません。今回の例の場合でも，ケイくんが悪口を言ったことがことの発端ですし，殴り返してもいます。

「ただ，シュウくんだけが悪いとは先生は思っていません。ケイくんにも悪かったことがありますよね。」

自分の悪かったことを語らせる

　そして，自分の悪かったことをそれぞれの子の言葉で語らせます。
「ケイくんは，自分の何が悪かったと思いますか？」
「悪口を言ったし，やりかえしたこと。」
　冷静に自分の悪かったことを言える子から話させます。もし言えないようであれば，「〜が悪かったと先生は思うよ。」と教えてあげます。
「お互い，自分の悪かったことが言えるのはえらいと思います。まだ，何か言いたいことはありませんか。」
　もしかしたら，「シュウくんが先に睨んできたから，悪口をいった」という新事実がここで出るかもしれません。そうなったら，また確認のところからやり直します。でも，このような詰めが抜けると，不満が残ることになります。そして，お互いが納得したら，最後に謝って，仲直りです。
「悪いことをしたのなら，どうすればいい？（「謝る。」）では，先に手を出したシュウくんから謝ろうか。できるよね。」
　この後，冒頭の私の締めの言葉に続くのです。

仲直りは「人を許す」練習でもあるのです。きちんと許せたことを褒めてあげましょう。

8 子どもの怪我は「共感」で落ち着かせる

　スーパー保育士原坂一郎さんから聞いた話ですが，幼稚園や保育所の子どもが転んでしまい「痛ぁい。」と泣いている時，「痛くない，痛くない。」「大丈夫よ。」と励ますことはNGなんだそうです。それよりも，気持ちに共感して「大丈夫？　痛かったね。」と共感した方が，子どもたちはすぐに泣きやむということです。小学生でも同じです。どのようなけがをしたのかチェックした上で，その子の気持ちに共感するのです。

👍 大丈夫？　痛かったね

　共感することの大切さを述べたエピソードに次のようなものがあります。どのような看護師の対応がいいのかという話です。
　一人の患者が病院にやってきてこう言いました。
「胸が痛いんです。」
看護師としてどのような対応をするのがいいのでしょうか？
　まずは，普通の看護師です。
「どう痛いんですか？」
「いつから痛いんですか？」
まぁ，事務的な対応ですが，可もなく不可もなくという感じです。
　続いて，ダメな看護師。
「なんで，今まで放っておいたんですか！」
　しんどくて来ているのに，さらに怒られては，ますますしんどくなりますよね。同じようなこと，子どもにしていませんか？

ダメな例はもう1パターンあります。
「大変！　大変！　すぐに，先生を呼んできます。」
ただでさえ不安なのに，看護師さんがパニックになったら，心配に拍車がかかります。
いい看護師さんは次のように言うそうです。
「あぁ，胸が痛いんですね。」
患者の言った言葉をそのままオウム返ししているだけです。
ただし，声は不安な感じの患者の言葉に対して，ゆっくり優しい感じで言っているはずです。だから，この看護師さんの一言で患者は自分の気持ちを受け止めてくれたと安心するのです。

養護教諭，管理職，保護者へ連絡を

後，大切なことは，養護教諭，管理職，保護者への連絡です。特に，首から上のけがや友だちとけんかしてできたようなけがの時は，ていねいに対応しなければいけません。忙しさに追われて，つい報告・連絡が抜けてしまわないように気をつけてください。

魔法の呪文よりも共感が大事です。

9 子どもと話せる給食時間を活用する

授業なら研究授業という形で見ることもできるのですが，他のクラスの給食指導を見る機会はあまりありません。だから，給食指導は我流のオンパレードです。例えば，あなたは給食をどこで食べていますか？子どもたちは班ごとに食べているのに，教師は一人離れて自分の机で，子どもたちと会話もせずに食べている姿を見かけることがあります。子どもたちと話せるせっかくのチャンスなのに，もったいない話です。

👍 子どもの中に入って，「意味のない会話」を

給食の時間は，子どもたちと信頼のパイプをつなぐもっともいい時間と言えます。休み時間だと，教師から距離をとりたい子がいた場合，しつこく追いかけることはできませんが，給食の時間なら「給食を食べている班ごとに順番に先生が回っていきます」という大義名分のもとに，簡単に近づくことができるからです。しかも，授業中と違い「子どもたちを伸ばす」という目的にこだわる必要もありません。つまり，自然な感じで全ての子どもたちと「意味のない会話」をできる絶好のチャンスと言えるのです。

👍 ラスト5分は，シーンタイム

給食の前半は，子どもたちの中に入って，わいわい楽しく会話をします。(話す内容は，本章の2と3を参照してください。)
ただし，給食のラスト5分は，「シーンタイム」を行います。おしゃべり

禁止の５分間です。ルールは，静かにする。ただそれだけです。しゃべらなければ（音を出さなければ）何をしてもかまわないのです。

もちろん，まだ食べ終わっていない子は，静かに一生懸命食べています。特に，お代わりをした子は必死です。

「お代わりをして，時間内に食べられないとは何事だ。バイキングなら追加料金を払わされるぞ。」

と私から叱られるからです。

早く食べ終わった子は，のんびりしています。

読書をしたり，何か絵を描いたり，ぽーっと何もしていなかったり，その辺は全くの自由です。

私も，ラスト５分は，子どもたちの班から離れ，自分の机に戻ります。そこで，日記や宿題を見たり，午前中の子どもとのかかわりを振り返ったりしています。

そこでの最優先事項は「誰と話して，誰と話していないか」のチェックです。もし，午前中にまだ話していない子がいたとしても，給食の時間のこのチェックで気づくことができれば，なんとか午後の時間にフォローすることができます。このチェックによって，一日中，教師から声をかけてもらえなかった子をなくすことができるのです。

嫌いだと言っていたもの（ウソでも可）をがんばって食べると教師の株がグッと上がります。

10 掃除の時間―まじめに取り組む子をプロデュース

　言っている内容が正しければ，誰が言ったとしても，言った内容の価値は変わらないはずなのですが，そうはならないのが，人の感情の面白いところです。「お前が言うな。」「お前だけには言われたくない。」そう思っちゃうことって，大人でもありますよね。このように，子どもたちから思われないようにするには，まず教師自ら動くことにつきます。特に，掃除の時間は，教師が率先して動いてください。

 「掃除＝つまらない」の空気を払拭

　掃除に限ったことではないのですが，教師が楽しそうに何かを行っていれば，子どもたちはその真似をしたがります。「子どもは大人の言うようには育たない，大人のするように育つ」という言葉があるように，まずは教師が楽しそうに掃除をすることが，真面目に掃除に取り組める子を増やすコツです。

　また，クラスの中には，掃除の仕方を知らない（高学年だと「掃除の仕方を忘れている」）子もいます。そのような子にとっては，教師自ら掃除をすることによって，掃除の仕方を具体的に教えることもできます。しかも，自分が掃除をしていない時は，遊んでいる子ばかり気になっていたのに，自分が一生懸命掃除をし始めると，今度は黙々と掃除に取り組んでいる子の姿が見えてくるから，不思議なものです。

　とにかく，誰よりも教師が楽しそうに掃除をしてください。実際は，掃除が苦手で楽しくないと感じていたとしても，そこはプロとして演じるのです。

掃除の時間は、決して連絡帳や宿題を見る時間ではないのです。

👍 がんばっている子をプロデュース

　掃除を真面目にがんばっている子がいれば、当然褒めます。
　いろいろなパターンで褒めまくるのです。
　「宮本くん、机だけでなくて、ロッカーや窓の枠まで雑巾がけしていて、すごいと思うな。今日の掃除MVPですよ。」（第2の輪　直接褒める）
　「（終わりの会で）今日の掃除、すごくがんばっていた人がいました。窓の枠まで雑巾がけしてたんですよ。」（第3の輪　あえて名前は出しませんが、他の子が「あっ、それ宮本のことや。」とつぶやいたら、そこで初めてがんばっていた子は宮本くんであることを全体の場で知らせます。）
　「（休み時間、宮本くんのいないところで）宮本くんの雑巾がけ、本当にすごいんやで。」（間接的に褒める）
　褒めることによって、宮本くんを「そうじのプロ」として、プロデュースしていくのです。一人でもそのような子ができると、連鎖してどんどん「そうじのプロ」が増えていきます。楽しく掃除ができるクラスの完成です。

褒めて褒めて褒めまくります…もちろん笑顔で！

11 掃除の時間―遊んでいる子の前で楽しく掃除

> 「自問清掃」という掃除の指導方法があります。「自問清掃」についての詳しい内容は，各自調べてもらうということにして，たわせん学級では，「なんちゃって自問清掃」を行っています。「なんちゃって」というのは，つまり，きちんと「自問清掃」をしていないからです。例えば，「自問清掃」では，「褒めない，叱らない，比べない」ように努めるのですが，私は「褒めない」というところが我慢できず，つい褒めてしまうのです。

やりたくなけりゃ，やらなくていい

　「自問清掃」の「褒めない，叱らない，比べない」というところは，先の理由から自分には合っていないのですが，「なんちゃって」なりにも，自分が「自問清掃」を行っている理由は，「心が整わない時は働くことをやめて休んでよい」という一風変わったルールがあるからです。これ，言い換えれば「やりたくなけりゃ，やらんでいいよ。」ということです。（もしかしたら若干意味合いは違うかもしれません。でも，若き日の俵原はそう解釈して，なるほど！　と納得したのです。）つまり，掃除の時間，掃除をせずに遊んでいる子がいた場合，次のように言えばいいということになります。

「登坂くん，掃除をしたくないのならしなくてもいいですよ。」

　ちょっと低めの声で冷静にゆっくり話すことがポイントです。そして，付け加えます。

「でも，一生懸命がんばっている人のじゃまになるのは困るから，掃除の

時間が終わるまで，教室の黒板の前で静かに待っていてくださいね。」

　この付け加えの言葉は，「掃除をする気がないのなら，前に立っとけ！」というのとは違います。あくまでも子どもの自主性（苦笑）にまかせているのです。この段階で，多くの子は「きちんと掃除をします。」となるのですが，中には「掃除をしないで，教室の前に行きたい。」という子もいます。

　もちろん，その子の言うことを認めます。そして，本人が言ったとおりに，掃除の時間が終わるまで教室の前で静かに待たせます。その間，教師は真面目にがんばっている子と楽しそうに掃除をするのです。

👍 掃除をしないで，前で待っているうちに…

　教室の前に行ったものの，掃除の時間が終わるまで静かに待つことができる子は，ほとんどいません。（もしいたら，それはそれで褒めるべきです。）
　そのうちゴソゴソしだして，「静かに待つと自分でも言ったやろ！」と教師に叱られたり（わざと大きな声を出したりします。），真面目に楽しそうにがんばっている友だちを見ているうちに，「やっぱりがんばります。」と言って掃除を再開したりします。どちらにしても，その子の掃除に対する姿勢は次の日からいい方向に変わっていきます。

何よりもいいのは，教師が楽しそうに掃除をすることです。

12 終わりの会は全力でやる

「終わりよければ総てよし」逆もまた真なりで，それまでいくら楽しくても，最後の最後に嫌な思いをしたら，全体の印象は悪くなりますね。1997年10月11日のPRIDE 4 の興業もそうでした。メインイベントで，高田がヒクソンにあっけなく敗れ，私は茫然自失，まさに抜け殻状態で帰路についたことを昨日のように思い出します。まさに「終わり悪ければ，全て悪し」を実感した一日でした。

 終わりよければ総てよし

…というわけで，私が，何よりも気をつけていることは，「早く終わる」ということです。

学校生活の1日の最後が終わりの会です。つまり，終わりの会の後には，何もないわけです。朝の会のように伸びたからと言って，1時間目の授業に支障をきたすこともありません。

それをいいことに，ダラダラといつまでも終わりの会をして，なかなか「さようなら」までいかないクラスをたまに見かけます。子どもの自主性を育てるためと，全員の帰りの用意ができるまで，教師は何も言わず，ひたすら待つようなことをしていたりします。それで，子どもたちがさっと帰る用意をするのならいいのですが，そんなことをする先生のクラスにかぎって一部の子がいつまでも帰りの用意もせずに遊んでいたりします。きちんとしている子どもたちにはホントいい迷惑です。

私なら次のようにします。

「それでは，帰る用意ができている子だけで『さようなら』をします。」
「待ってください。」という声が上がってきたら，次のように言います。
「一生懸命がんばって遅いのなら待ちますよ。でも，時間は十分あったはずです。真面目にがんばった子が損をするなんておかしいですよね。」
毅然とした態度で，ゆったりとちょっと低めの声で話します。
若い先生のクラスで，やんちゃな子に振り回されて，真面目な子が損をしている場面をときどき見かけます。「正直者が損をする」世界にしては絶対にいけません。

👍 全力でさようなら

朝の会では，「あいさつの声が小さい子がいてもスルーする」のですが，終わりの会では，スルーしません。さすがに，まだ目が覚めていないという子はいないはずです。その子なりの全力が出せていなければ，やり直しです。
「声が小さいです。やり直し。」
短くスパッと言い切ります。ここで何回もやり直しをさせられたら，帰るのが遅くなるということは子どもたちも分かっています。2回目には全力の声がそろいます。

終わりよければすべてよし！　最後は楽しく終わりましょう！

Column

アイドルから学ぶ

　実は，あまりよく知らないのですが，ももいろ何とかというアイドルグループがいるらしいのです。

　この何とかクローバーZというアイドルグループは，元々は6人（一説によると6人の前は，最大9人という話。）いたらしいのですが，それまでMCをつとめていた青の子が脱退して，それで今の体制になったらしいのです。

　詳しいことは知らないのですが，最年少，当時14歳のピンク担当の子がMCを引き継ぎました。そのプレッシャーたるや半端ないものだったでしょう。脱退してしまった青色担当の早見何とかという子は，頼りないリーダーを支える副リーダーも務めていました。「これで，ももクロも終わりだ！」と，当時のファンで覚悟を決めた人も多かったと聞きます。でも，その後の快進撃は，この世界に疎い私にも聞こえてきます。

　少し気になった私は，彼女たちのライブに行ってみることにしました。

　あまり，よく知らないままに…。まぁ，今もあまり知らないんですけどね。

1　立ち位置が違う

　付け焼刃的な知識で申し訳ないのですが，ももいろさんたちには，担当カラーがあるそうで，曲ごとにセンターが変わるAKBグループと違って，立ち位置はほぼ一緒だそうです。多分，5人だからゴレンジャーのようにセンターは赤ではないでしょうか。他の4色は，青，黄色，緑，ピンクといきたいところですが，青は抜けたらしいので，残りは紫？で，普段は，次のような感じで並んでいるようです。

　ところが，2012年に出演したサマーソニック大阪大会（当時のももいろさ

んはまだ紅白にも出れず，一番小さいステージでのライブ予定でした。）が，豪雨と落雷で2時間中断。その影響で出番が一つ早くなり，隣で同じ時間帯に超メジャーなジャミロクワイがライブすることに。そして，なんとそのジャミロクワイが謎のドタキャン。ライブの様子を見て，客がももクロのステージに流れ，キャパ2,000の会場がその日最大級の集客（一説によると20,000人）を見せるという映画のような展開。まさに伝説のライブでした。えっ，そこにいたことを自慢したいのかって？ いえいえ，私はファンでもないので，そんなことありません。）で，私が見たZさんたちの並びは，こうではなかったのです。

「あれ，違うぞ！」
　ただ，ライブが始まると，その疑問は解消されました。
　MCをしているピンク担当の髪の長い女の子が，他の4人を一度に視界に入れるために，端っこに来ていることが分かったのです。
　2011年，早何とかあかり脱退後，MCをつとめていたピンクの「あーりん」という名前らしい女の子は，「私も高1，トークも回せる」状態に立派に成長していたのです。
　「なるほど。話を人に振る時には，やはりその人のことを見て話さないと失礼だからな。教室でも同じだな。教師は，立ち位置と視線を意識して…あーりんわっしょい！ …話をしなければいけない。」
　いつの間にか，私は緑色の法被を着て，ピンクのサイリウムをふっていたのでした。さて，あなたはMCの時に，自分の視線を意識しているでしょうか？（自信のない方は，もう一度，第1章に戻りSTFのページ (p.30)

をご覧ください。)

2 コール&レスポンス

　本当にそれほど興味があるわけでもないのですが，何となくももクロのライブに行くと，必ず見かけるのが，それぞれの推しの色の服を着たファンの人（なんか武士とかモノノフとかいうらしいです。）の姿です。彼らはただ曲を黙って聞いているのではなく，彼女らと一緒に歌ったり，踊ったり，叫んだりしています。

　例えば，シュークリームは1日1個と制限されている（でも，本当はシュークリームより唐揚げが好き。）ような気がするピンク担当の女の子のファンたちは，曲の間奏の時に，「あーよっしゃあやか，ももいろの里に今まさに，長き黒髪なびかせて，降臨したるは大天使，叫べ我らがあーりんワッショイ」なんて大声を張り上げていたりするのです。

　アホみたいでしょ。ふつう引きますよね。でも，現場では，みんな本当に楽しそうなんです。まさに，主体的，能動的，協働的です。これぞ，今，流行りのアクティブ・ラーニング。（我田引水。）

　ライブを見ていて，クラスでも，子どもたちに話をする時にこのようなお約束の言葉を決めておくと楽しそうだなと思いました。

　「ARE YOU READY?」「イェーイ！」みたいな感じで。

　あっ，そうそう，1年生の教室でときどき見かける「足はぺったん，背筋ピーン。」の正しい姿勢の合言葉なんかもこの類ですね。

　えっ，今でもライブに行っているのかって？　そんなには行ってないですよ。チケットが取れさえすれば，全国どこへでも行くぐらいです。

第5章

こういう時はこう話せ！
話し方の極意
保護者・職員室対応編

1 保護者へは笑顔・ていねい・自然体で話す

　「モンスターペアレント」という言葉があります。先生方にとっては,「学級崩壊」に匹敵するぐらい聞きたくない言葉かもしれません。でも,必要以上に恐れることはありません。というのも,根っからの「モンスターペアレント」なんて,ほとんどいないからです。圧倒的多数は「普通の保護者」です。ただ,その「普通の保護者」が「モンスターペアレント」になってしまう場合があります。教師の対応のまずさが原因で。

👍 教師の印象をよくするために…

　「中身で勝負」…大切なことだとは思いますが,だからといって見た目がどうでもいいということではありません。「あの先生は冷たい感じがする。」「なんだか怖そう」などネガティブな悪い印象が一度ついてしまうと,いくら子どものためにいい話をしたとしても,スッと入っていきません。
　やはり,第一印象が大切です。第一印象が悪いというのは,100m走で,自分だけスタートする位置が10m後ろからというようなものです。自らそんなハンデをつくる必要はありませんよね。

👍 何はともあれ笑顔で話す

　何よりも大切なことは,「笑顔で話す」ということです。
　笑顔で話されるだけで,なんかいい気分になります。話を聞こうという気持ちになるのです。それは,笑顔には,相手の心を安心させ和ませる力があ

るからです。まずは，笑顔で保護者に話しかける。先生が笑顔で話しかけると，保護者も笑顔で返してくれます。普段のなにげない一コマから，保護者との信頼のパイプをつないでいくのです。

👍 ていねいに，だけど，自然体で

次に気をつけることは，「ていねいな言葉づかい」です。もう，これは当たり前過ぎることですので，具体的な例は，割愛。

ただ，ていねい過ぎるのも問題です。お世辞笑いや太鼓持ちのようなわざとらしいおべっかは，すぐに見破られ，かえって相手に悪い印象を与えてしまいます。「この先生とは本心では話し合えないなぁ。」と感じさせ，相手に猜疑心を抱かせてしまうことさえあるのです。

また，これとは逆に「なめられてはいけない」と，保護者に向かって上から目線で話す若い教師をたまに見かけることがあります。専門用語をつかった難しい話し方も NG です。「先生と呼ばれるほどの馬鹿でなし」…「先生，先生」と呼ばれて，いい気になっていてはいけません。

上から目線も，下から目線もよくありません…。

2 学級懇談会はMCになって盛り上げる

> 私は、若い頃、学級懇談会が嫌で嫌で仕方ありませんでした。その当時は、「研究授業をする方が、何倍も気が楽や。」とよく飲み会の席で言っていたものです。というのも、自分よりも人生経験が豊かな保護者のみなさんの前で、どんなことを話せばいいのかがよく分かっていなかったからです。隣のクラスから懇談中に楽しそうな笑い声が聞こえてきた時には、ホント、申し訳ない気分120％になったりしたものです。

👍 でも、ご安心ください。話せますから

懇談中に、爆笑トーク。これについては、若いうちはすべらない話を大量ストックし話術を磨くか、年を取って保護者のみなさんより年をとるかしかないのですが、ご安心ください。爆笑トークまではいかなくても、どなたでも懇談会を盛り上げる話し方はありますから。

👍 保護者のみなさんに話してもらう

つまり、自分が話せないのなら、他の人に話してもらおう…ということです。クラスの中には、おしゃべり上手なお母さんが必ず何人かいるはずです。その人たちにがんばってもらいましょう。

教師のあなたがすることは、場の設定と進行になります。懇談会という番組のディレクターおよびMCになるのです。

場の設定として、まずすることは座ってもらう椅子の配置を決めることで

す。私は,お互いの顔が見えるコの字型もしくはロの字型にして懇談会を行っていました。もちろん名札も用意します。このようにモノを準備することが,ディレクターとしての一番の仕事になります。

　例えば,ホワイトボード。全体の場で話すことに抵抗があっても,少人数なら話せるというのは,子どもでも大人でも同じです。何人かのグループに分かれて,話し合ったことをホワイトボードに書いてもらうのです。

　また,ビデオ映像もよく用意しました。「運動会の練習風景」「音楽会の前日の様子」「普段の掃除の風景」など,参観日には絶対見ることができない子どもの様子を懇談会にお見せするのです。(動画ではなく,静止画でも可。)

　「掃除のがんばりを今見ていただきましたが,お家ではどうですか？ 感想でもいいのでお願いします。」

というように,特選映像を見た後,保護者のみなさんに話をふります。何もない時と比べて,懇談会の盛り上がりは明らかに違ってきます。

　MCの仕事として,一番気をつけることは予定時間通り終わるということです。懇談会ですから,「夏休みのクラスで気をつけること」など,教師が話そうと思って準備していることもあると思いますが,保護者のみなさんの話が盛り上がった場合は,自分が話す内容を終了時間内に収まるようにうまく調整しなければいけません。あと,お礼の言葉は絶対です。

名札は必須アイテム！マイクはノリで…（笑）。

3 個人懇談会は「振り返り」を元に話す

　2学期に転校してきた大地くんは叱られるようなことはしないものの褒められることもあまりない，通知表の所見に書くことがすぐに思いつかないようなクラスの中では目立たないお子さんでした。若かった当時の私はそんな大地くんの様子をしっかりと見ることができていませんでした。テスト結果やノートのがんばりなど学習の資料はあるものの生活の部分では手元の資料が不十分なまま，個人懇談会当日を迎えたのです。

👍 えっ，先生そんなことないんですけど

そんな不安な状態でしたので，とりあえず無難な言葉から始めました。
「大地くん。だいぶうちの学校にもなじんできましたよね。」
「そうですか？」
何となく不安そうなお母さんの返事に動揺して，私はここでたいした確証もないまま口当たりのいいことを言ってしまったのです。
「えぇ，楽しそうに休み時間も過ごしていますよ。」
「…。」
この時，なんか嫌な空気を感じたのですが，そのまま学習について話を進めました。そして，懇談の時間も終わりに近づいてきました。
「では，最後に，お母さん，何か気になっていることはありませんか。」
私のこのふりに対して大地くんのお母さんは遠慮がちにこう言ったのです。
「先ほど，楽しそうに過ごしていると言われましたが，うちの大地，友だちとうまくいっていないようなのですが…。」

「実は，大地くんのことをしっかりと見ていない」「適当に口当たりのいいことを言っていた」ということが，お母さんには全部ばれていたのです。人としての薄っぺらさを見透かされた気持ちになり，一気に嫌な汗が出てきました。しっかりと子どもの様子を見て，懇談会に備えるという当たり前のことができていなかった自分がすべて悪いことは分かってるのですが…。

友だちも認めるがんばりでした

　ただ，そうは言っても，クラスの子全員をしっかりと見ることはかなり難易度が高いです。教師は見ているつもりでも，意外と見落としている部分もあります。それならば，子ども自身にも聞いてみようということで，毎月ふりかえりを書かせることにしました。学期の終わりに一回書くだけでなく，毎月一回書くのです。子どもたちの変化もその方がよく分かります。特によかった項目は「がんばっている友だちを教えてください」というものです。この項目によって，「大地くんは，いつも外の掃除をがんばっているんですよ。和樹くんが教えてくれました。友だちも認めるほどのがんばりなんですよね。」という話が懇談でできるようになりました。保護者にも好評です。先生だけでなく，友だちからも認められているという話を喜んでくれます。

「休み時間，一緒にいる友だちを教えてください」という項目もお勧めです。

4 家庭訪問はインタビュアーになって聞く

　家庭訪問で一番気をつけることは，予定した時間通りに各家庭を回ることです。「15：00に伺います」と言っておきながら，30分経っても来る気配なし。もしこれがデートならよっぽど相手があなたに惚れていない限り，確実にフラれるパターンです。その前のお母ちゃんが話好きで予定していた15分で終われなかった。そういうこともあるでしょう。でも，それもあなたの話し方に要因があるのです。

何か気になっていることはありませんか

　家庭訪問で話す時間が15分だとしたら，あなたはそのうち何分話をしたらいいのでしょうか？　5分ですか？　それとも半分の7分ほどですか？
　どちらも×です。この問いに対する正解は，「相手の話す時間によって長くも短くもなる」というものです。つまり，「15－（相手の話す時間）」が，あなたの持ち時間なのです。相手の出方次第であなたの話は，0分にも15分にもなるのです。ところが，そのことが分かっていない教師は，まず自分の話したいことから話し始めます。
　「5分ほど話をしても，あと10分あるから大丈夫だ。」とあなたがそう思っていても，相手が15分話してしまったら，ここで5分オーバーです。
　だから，家庭訪問の時のあなたの最初の言葉はこうなります。
　「何か気になっていることはありませんか？」
　まず向こうから話してもらうのです。そして，残り時間であなたが話をします。場合によっては，あなたの持ち時間が0分になってしまうこともある

かもしれません。でも、そうなったらそうなったで、「では、次の人も待っていますので、これで。」と、次の人のところへ行けばいいのです。家庭訪問は、最低限、どこに誰の家があるのかという把握さえできればいいと考えています。だから、極端に言えば、教師の話などなくてもいいのです。どうしても教師の話が必要な場合は、また別の機会を持てばいいということです。

👍 インタビュアーになったつもりで

　ただ、相手のお母さんが話すことが苦手な場合、あなたの持ち時間はかなり長くなることもあります。ところが、家庭訪問の時期は４月末や５月頭ということが多く、あなた自身がその子のことを語れるだけの材料を十分持っていないこともあるでしょう。そんな時は次のような質問をします。
　「竹田さんのお家に帰ってからの生活パターンってどんな感じですか？」「いつもよく遊んでいる友だちは誰ですか？」「学校のことはよく話をしますか？」「家では、どんなお手伝いをしているのですか？」
　インタビューでもするつもりで話しかけると、家庭での様子をいろいろと教えてくれるものです。時には、「よく分からないんです。」という答えが返ってくるかもしれませんが、それはそれでいいんです。

それでも話が続かない時は、自分のことを話すといいですよ。

5 言いづらいことは直接伝える

> ある年，伊東くんという子を担任しました。春休みに，前担任から，「気に入らないことがあると手が出る。」「苦手な勉強はやろうともしない。」など，その学年で行っていた彼の問題行動をたくさん聞かされました。4月，担任も変わり，伊東くんも心機一転したのでしょう。前学年と比べて，問題行動はぐっと減りました。それでも，0になったということではありません。保護者に伝えるべきことはたくさんありました。

👍 信頼のパイプをつなぐことが大切です

 その伊東くんのお母さんからこう言われたことがあります。
「昨年までは，学校から電話がかかってくると，ビクッとしていました。悪い話しかなかったですからね。でも，俵原先生はがんばっていることやいいことも言ってくれるでしょ。それがうれしかったです。」
 この章の1でも書いていますが，普段から保護者と信頼のパイプをつないでおくことが何よりも大事です。伊東くんのお母さんの言う通り，先生からの話は嫌なことばかりというのでは，信頼のパイプもくそもありません。私の場合，この伊東くんのお母さんには，何かの用事のついでに意識して伊東くんのがんばっていることをよく話していました。また，仲島正教先生に教えていただいた5分間家庭訪問も効果的でした。前ページに書いた学校行事としての家庭訪問ではなく，普段の生活の中で，仕事帰りにちょっと立ち寄って，その子のいい所を玄関先で保護者に伝えるたった5分間の「家庭訪問」です。家庭と学校の信頼のパイプをつくる素敵な実践です。でも，これ

は少しハードルが高いなぁと感じる方は、クラスの子のがんばりを書いた学級通信でも何でもいいのです。まずは、「先生は、クラスの子（自分の子）のことが大好きなんだな。」ということが分かればいいのです。信頼のパイプがつながると、保護者にとって耳が痛い話も素直に聞いていただけます。

👍 連絡帳よりは電話。電話よりは直接会って

　私が言いづらいことを伝える時に気をつけていたことは、次の２点です。
　一つ目は、「連絡帳よりは電話で。電話よりは直接会って」ということです。話す内容が言いづらいものになればなるほど、相手の反応がよく分かる方法で…ということになります。教師のとらえ方が甘く、後で大変なことになってしまうということって、ありますからね。
　もう一つは、話し方です。
　意識的にゆっくりと話すことです。早口はNG中のNG。人は興奮すると早口になります。そして、早口は相手をさらに興奮させてしまうのです。売り言葉に買い言葉となり、収拾がつかなくなってしまうことがあります。
　それと、「否定語」を使わないということも意識します。保護者からクレームを受けた時にも気をつけるべきポイントです。

迷った時は必ず行くべし！

6 管理職への「ほう・れん・そう」は第一報から簡潔にする

「ほう・れん・そう」とは，アカザ科の雌雄異株の1〜2年草で，中央アジア地域が原産地とされている，おひたしやみそ汁の具，バター炒めなどに調理すると美味しい食材です…ということではなく，「報告」「連絡」「相談」を分かりやすくホウレン草と掛けた略語のことです。この「ほう・れん・そう」，ビジネス現場ではまず新入社員が叩き込まれる基本中の基本と言えるものですが，意外と学校現場では…？

👍 すぐに第一報を入れる

　特に小学校は学級担任制なので，担任の先生が一人で抱え込む傾向があります。いざ自分のクラスに問題が起こると，責任を感じてなんとか自分一人で解決しようとがんばってしまいます。それでうまくいけばいいですよ。でも，多くの場合，うまくいきません。そして，話がかなりこじれてから管理職がそのことを耳にするのです。「風邪はひき始めが肝心」という言葉があるように，すぐに報告をしておけば，何とかなったかもしれません。対応が後手になると，うまくいくこともうまくいかなくなります。（ちなみに，自分一人でうまくいったとしても報告はしなければいけません。）

　くれぐれも，「自分のクラスに問題が起こった」という報告をすると，自分の評価が下がるなんて思わないでください。私も若い頃はそうでした。自分の弱いところを人に見せたくない気持ちの方が強かったのです。でも，それって間違っています。報告することによって，その責任は管理職に移ります。管理職の先生方も問題解決に向けて必死に取り組んでくれるはずです。

報告は簡潔に，結論から

　第一報は，口頭で簡潔に行います。この時，ていねいな方がいいだろうと時系列で話されても，聞いている方はイライラします。
　「自分のクラスで，いじめがありました。」
というように，まず結論から話します。経過や原因は，その後です。
　「9月の下旬ごろから○○さんが，△△さんたち数名からいじめられていたみたいです。○○さんのお母さんから相談があって分かりました。」
　もし連絡帳などで相談を受けたのなら，コピーして管理職に渡します。
　ここで大切なことは，5W1Hをはっきりとさせることです。
　また，分からないことは「分からない。」とはっきり述べてください。管理職からはっきりと分からないことを質問された時，自分の推測で話をしてしまう人がたまにいます。事実とあなた個人が思ったり感じたりしたことをごちゃ混ぜにして話してはいけません。あなたの思いや考えを実際に起こった出来事であると，誤った判断を管理職にさせる原因になるからです。どうしても言いたければ，「私はこう思うのですが…」と前置きをします。そうすることによって，個人の意見や推測であることをはっきりさせるのです。

ほう・れん・そうでパワーアップ！　みんながあなたを助けてくれます。

職員室では
教師同士の信頼をつくる

　以前，荒れた学年を持っていた時，隣のクラスの先生がふっと次のような言葉をもらしました。「クラスがすごく大変でも，一緒に学年を組んでいる先生がよければ，1年間なんとかやっていけそうな気になるわ。職員室に戻るとホッとするもん。」団結は力なり。隣のクラスの先生と仲良くなりましょう。放課後は，教師と教師のきずなを深める時間でもあります。話をすることによって，信頼のパイプをつないでいくのです。

 子どもの話をする

　信頼のパイプをつなぐ必殺技が「意味のない会話」であることはすでに書いているのですが，大人相手の場合，いきなり「意味のない会話」に持ち込むには，それなりの腕が必要になってきます。
　何を話題にするか迷いますよね。だから，最初は，「意味のない会話」にこだわる必要はありません。子どもの話をすればいいのです。
　「今日，先生のクラスの葛西くん，こけて泣いていた1年生を保健室に連れて行ってましたよ。優しいですよね。」
　この時，その先生のクラスの子を褒めることができれば言うことなし。
　誰だって，自分のクラスの子が褒められたらうれしいでしょ。子どものプラスの話題で盛り上がることができるなんて，最高ですよね。
　「それに，先生のクラスの絵，みんな上手ですね。特に佐藤さん。どんな指導をしたんですか？」
　子どもの話をするうちに，教材研究や指導法の話になってしまうこともあ

ります。また，時には子どもの珍回答で盛り上がるのも一興です。でも，そこにマイナスのオーラがあってはいけませんけどね。

👍 「嫌い」な人がいない職員室に

　教室では，子どもたちに「友だちと仲良くしなさい」と指導しているのに，自分は「職員室に嫌いな人がいる」というのは，なんかおかしいですよね。

　でも，大人同士の付き合いとなると，人生観や価値観，仕事に対する考え方の違いから，どうしても馬の合わない人が出てくることがあることも分かります。それでも，その人のことを「嫌い」になってはいけません。「嫌い」ではなく「苦手なタイプ」と考えるのです。

　　「あの先生は嫌い」→「あの先生は苦手なタイプ」

　意味的にはあまり変わりませんが，受ける印象が違いますよね。「苦手」という言葉に比べて「嫌い」という言葉は，全てを拒絶するマイナスのオーラを強く感じます。そして，あなたの発するそのマイナスのオーラは，確実に相手に伝わります。このようなことで，職員室にいい人間関係を築けるはずがありません。「嫌い」を「苦手なタイプ」に頭の中で変換する。まさに，モノは言いようです。

敵がいない…つまり無敵!!

8 電話では笑顔を声に乗せる

　携帯電話もスマホもなかった昔むかし，電話は各家庭に1台しかありませんでした。電話をかける方としては家族のだれが出るか話し始めるまで分からない。電話を受ける方も，ナンバーディスプレイなんてありませんでしたから，誰からかかってきたのか，話し始めるまで分からない。そのような緊張感の中，電話をかけたり，受けたりしたのですが，よく考えたら，職員室の電話は今もそうですね。

👍 笑顔を声にのせて

　実際に，電話での受け答えが原因で，保護者との間に大きな溝ができ，それがトラブルに発展することもあります。仲のいい友だちからしかかかってこない携帯電話やスマホとは違います。今でも，職員室の電話は，それなりの緊張感とスキルが必要なのです。

　私が特に気をつけているのは，「明るい声で，ゆっくりと話す」ということです。明るい声を出すには，口角をあげて話すといいそうです。つまり，微笑みながら話すということです。表情までは相手に伝わりませんが，笑顔のプラスのオーラは必ず声に出てきます。

　また，電話での話は，早口になる傾向があります。だからこそ，少し低めの声を意識して，ゆっくりと話すようにしています。ゆっくりと話すことによって，電話の向こうの相手は，話し手に対して，落ち着いた優しい印象を感じるようです。

　後，気をつけることは，感情的にならないということです。せっかく「明

るい声で，ゆっくりと話す」を意識しても，感情的になったら元の木阿弥です。声しか聞こえないだけに，相手の意識もすべて声に向けられます。だから，ちょっとした感情の変化も分かってしまうのです。直接話している以上に気をつけないといけません。電話は顔が見えない分，ちょっとしたことから印象を決められてしまうだけに，万全の態勢で臨まないといけないのです。

👍 ○○先生と言っちゃダメ

　二つ目に気をつけることは，先生がよくしてしまう失敗です。身内に敬称を付けてしまうのです。これは，若い先生だけでなく，結構経験を積んだ先生もやってしまいます。普段，子どもたちの前で，「次は，松永先生の話を聞きましょう。」というように，「○○先生」と呼んでいるので，電話で「松永先生はいらっしゃいますか？」と聞かれた場合，「松永先生は，今，会議中です。」というような言い方をしてしまうのです。

　でも，これは，社会人的には，絶対にしてはいけないマナー違反です。たとえ，それが同僚の先生ではなく，校長先生だったとしても，学校の身内として，外の人に話す時は「松永は，今，会議中です。」と呼び捨てにしないといけないのです。

人は見た目が9割…つまり電話はそれぐらい伝わらない

9 講師の先生には お礼の手紙を書く

　私が28歳の時，学校の授業研究推進の長に選ばれました。私にそれだけの力量があったのではなく，それまで長だった力量のある先輩の先生から「私がフォローするから好きなようにやり。」と勉強の場を与えてもらったのです。そして，私は好きなようにやりました（笑）。その後，生涯の師になる有田和正先生や野口芳宏先生を，当時ほとんど面識もなかったのにもかかわらず講師としてお呼びしたのです。

 最低2冊は本を読んでおく

　実を言うと，ダメ元で講師依頼をしました。「あの有名な先生が，自分の学校に来てくれるはずない。」と思っていたのです。でも，実際は，スケジュールさえ合えば，来てくれるものです。あの憧れの先生方が，どこの馬の骨かも分からない若造からいきなり講師依頼のはがきが来ても，芦屋の子どものため，先生のためと，お忙しい時間を割いてきてくれるのです。本当にありがたいことです。みなさんも，「迷わず行けよ。行けば分かるさ。」の猪木イズムでがんばってみてください。意外と簡単にことは進みますよ。

　で，私の場合は，憧れの諸先生方でしたので，当然そのご著書はほぼ読んでいましたが，講師としてお呼びしていながら，どのような実践をしているのか知らない担当者がたまにいます。自分が選んだ講師ではないかもしれませんが，それでも失礼な話です。せめて，代表作と最新作の2冊ぐらいは目を通しておかないといけません。それが，最低限の礼儀だと思います。そうでなければ，講師の先生と話をすることなんてできません。

👍 お礼の手紙を書く

　あなたが研究推進の長や研究授業の授業者でない場合，もしかしたら，講師の先生と話す機会がほとんどないかもしれません。

　でも，ご安心ください。話をする方法はあります。一つ目は，研究会の事後研で講師の先生に質問をするのです。この時，その先生の著書を前もって読んでおいたことが，ここで生かされます。

　そして，研究会の後，すぐにお礼の手紙を書くのです。

　学んだことやまだ疑問に思っていることなど，文章でお話するというわけです。講師が超一流の先生だと，手紙でも一方通行で終わりません。すぐに返事が返ってきます。有田先生がそうでした。いつもすぐに返事が返ってくるので，逆に申し訳なくなって，「お忙しいでしょうから，返事はいいです。」とお話したことがあります。その時の有田先生はこうおっしゃいました。

　「いやぁ，僕なんて，全然忙しくないですよ。」

　有田先生ほどの人が「忙しくない」と言うのなら，自分は一生「忙しい」なんて言ってはダメだとその時思いました。かっこいいとはこういうことです。

メール，ライン，SNS全盛期だからこそあえて手紙!!

おわりに

　同窓会に招待された時の話です。
　いい具合にお酒もまわりはじめ，それぞれのテーブルでわいわいガヤガヤと小学校時代の思い出が語られています。
　「みんなも覚えていると思うけど，俺，小学校の時，いつも遅刻してたやん。それでも，たわせんに叱られたという記憶がないんやけど…。」
　「小学校の時だけじゃなくて，今日も遅刻したやんか。」
　当時から大ちゃんと仲がよかった和樹くんから鋭いツッコミが入ります。
　「あほ，今日は仕事の都合や。で，話を戻すで。叱るどころか，ある時なんかは『おっ，今日は大ちゃん，朝の会の間に来れたやん。みんな，はくしゅ～。』って，褒めてくれて，みんなで拍手までしてくれたことあったやろ。遅刻して褒められたのって，小学校の時だけや。」
　「あ～，あった。あった。俺も覚えとる。そやけど，あれ褒められてたんとちゃうで。単に大ちゃんのこと，面白がってただけや。」
　また，和樹くんがにやにやしながら話しています。
　「えっ，うそ。そうなん？」
　和樹くんの言葉を間に受けて，急に不安そうな表情になった大ちゃんに対して，私は笑いながら，その言葉を否定しました。
　「いや，ホンマに褒めとったんやで。だって，大ちゃん，６年生になって，だんだん遅刻する少なくなってきてたやろ。がんばっている子を褒めるのは，教師として当たり前のことやんか。」
　…と，まぁ，最後はちょっとカッコよく，「伸びたか・伸びていないかで子どもたちを見る」という視点を話して，この話題をしめました。（実際のところは飲んでいたので，もっとグダグダだったかもしれません。）

さて，ここでちょっと話を戻します。

　私が，大ちゃんに言った『おっ，今日は大ちゃん，朝の会の間に来れたやん。みんな，はくしゅ～。』という言葉，大ちゃん本人はポジティブにとらえていますが，受け取る子によっては，皮肉にしか聞こえない場合もあるでしょう。そして，そのことによって，その子と教師の信頼のパイプは細くなり，ひいてはクラスの中に彼（もしくは彼女）の居場所がなくなってしまうことがあるかもしれません。

　では，なぜ，大ちゃんがポジティブにとらえることができたのかというと，彼の持って生まれたパーソナル的な部分もあるのですが，それまでの私とのつながりやクラスのプラスの雰囲気があったからです。

　そこのところを疎かにしてはいけません。つまり本書に書かれている「何を話すか」や「どのように話すか」だけを考えていてはダメだということです。そのことと同時に，クラスの雰囲気をプラスのオーラに満ち溢れた温かいものにしていくための努力も必要なのです。つまり，「話す力」と同時に温かい雰囲気のクラスを創る学級づくりの力もつけてください…ということなのです。ただ，今から，温かい雰囲気のクラスを創る学級づくりについて述べるにはあまりにも紙面がありませんので，そのために，私が常に意識していることを一つ紹介して本書を終えることにします。

> 　笑顔の教師が笑顔の子どもを育てます

　これは，私が提唱している笑育の基本コンセプトでもあります。
　最後になりましたが，出版にあたり，ご尽力いただいた明治図書の坂元菜生子さん，素敵なイラストを描いていただいた木村美穂さん，そして，何よりも最後まで本書にお付き合いくださったみなさんに感謝の気持ちを表し，本書をしめることにします。ありがとうございました。

2016年6月

俵原　正仁

【著者紹介】

俵原　正仁（たわらはら　まさひと）

1963年，兵庫県生まれ。
通称"たわせん"と呼ばれている。
兵庫教育大学を卒業後，兵庫県の公立小学校教諭として勤務。
「笑顔の教師が笑顔の子どもを育てる」という『笑育』なるコンセプトによるユニークな実践は，朝日新聞，朝日放送「おはよう朝日です」などマスコミにも取り上げられた。教育雑誌に執筆多数。教材・授業開発研究所「笑育部会」代表。

【イラスト】　木村　美穂

スペシャリスト直伝！
全員をひきつける「話し方」の極意

2016年7月初版第1刷刊　Ⓒ著　者　俵　原　正　仁
　　　　　　　　　　　　　発行者　藤　原　光　政
　　　　　　　　　　　　　発行所　明治図書出版株式会社
　　　　　　　　　　　　　http://www.meijitosho.co.jp
（企画）坂元菜生子・佐藤智恵（校正）坂元菜生子・広川淳志
〒114-0023　東京都北区滝野川7-46-1
振替00160-5-151318　電話03(5907)6702
ご注文窓口　電話03(5907)6668

＊検印省略　　　　　　　組版所　株式会社カシヨ

本書の無断コピーは，著作権・出版権にふれます。ご注意ください。

Printed in Japan　　　　　　ISBN978-4-18-250715-1
もれなくクーポンがもらえる！読者アンケートはこちらから　→